天皇の『代替わり儀式』と憲法

中島三千男

日本機関紙出版センター

まえがき

人の慣れとは怖いもので、もうあの時の驚き、衝撃も薄れかけていますが、3年前の2016年7月13日、NHKの午後7時のニュースで天皇が生前退位する意向であるという報道がなされました。そして8月8日の午後3時にテレビの各局で一斉に流された「ビデオメッセージ」(「象徴としてのお務めについての天皇陛下のお気持(お言葉)」。以下「8・8天皇退位メッセージ」と略)に国民は驚きながらも、あっと言う間に、この天皇の「生前退位」を容認する、それを当然視する方向に流れていきました。各種世論調査によれば、8割から9割の国民が賛成という数字が出ました。

あとで触れますが、明治維新以降、近代になってそれまで一般的であった天皇の「譲位」、「生前退位」というものがなくなって、大正、昭和、平成と3代の「代替わり」を経る中で、私も含めて国民の中にもなんとなくそれを当たり前のように受け止め、何の疑問もなく、明仁天皇も亡くなるまで天皇で在り続けるであろうと考えていました。昭和天皇は87歳で亡くなりましたが、明仁天皇は82歳(当時)です。「お言葉」のタイミングを間違えたり、テレビに映る歩きぶりなどに、さすがに年を召されたなという印象を持ちながらも、まだまだ天皇としての職務を一生懸命遂行されるだろうと思っていました。だから、この

「8・8天皇退位メッセージ」には大変驚かされたわけです。

その後、2017年6月9日、「天皇の退位等に関する皇室典範特例法」（以下「皇室典範特例法」と略）が成立（6月16日公布）、また12月1日には同法に基づき皇室会議が開催され、天皇の退位日を2019年4月30日とすることが決まり（12月8日、閣議決定）、従ってまた新天皇の即位日は5月1日となりました。いよいよ天皇の「代替わり」が行われることが決まったのです。

前の「代替わり」、1989年から90年にかけて行われた昭和天皇から明仁天皇への「代替わり」（以下、「平成の代替わり」と略）が行われた時、私は43歳の頃で、もう私が生きている間は次の「代替わり」はないだろうと思っていました。まさか私が生きている間にもう一度このような機会にめぐりあうとは思ってもいませんでした。

2018年に入り、この天皇の「代替わり」の式典をどのように行うかの検討が始まり、今日すでに日程を含めて大枠のものが決定されていますが、一般の関心は新しい元号やそれがいつ発表されるのか、また「即位の日」である5月1日を特別に祝日にすることにより、2019年のゴールデンウィークは4月27日（土）から5月6日（月）まで事実上10連休になるという話題に注がれています。また30年前のバブルの絶頂期に行われた「平成の代替わり」よりも儀式・行事の参加人数、経費等の削減・簡素化がなされる（それでも政府は、結局、前回よりも3割増しの160億円余の予算を組んだ。2018年12月21日閣議決定）等の話が前面に出る一方で、いま政府が予定している今回の「代替わり」に伴う式典、儀式・行事が現憲法の国民主権原理や政教分離原則に重大な抵触をする恐れがあること、その意味で現在問題になっている安倍政権の改憲問題と密接な関連を持っていることがあまり認識されておりません。

「代替わり」問題、あるいは天皇問題は用語一つとっても一般にはなじみがなく、また古色蒼然とした感もありますのでなかなか理解しにくいようです。本書ではこうした状況に鑑み、憲法に関心を持っている一般の人々にできるだけ平易にわかりやすく、天皇の「代替わり儀式」が孕んでいる問題点を明らかにしたいと考えています。

目次

郵　便　は　が　き

恐れいりますが、
切手を
お貼り願います。

553-0006

大阪市福島区吉野
3-2-35

日本機関紙
出版センター行き

【購読申込書】

＊以下を小社刊行図書のご注文にご利用ください。

[書名]　[部数]

[書名]　[部数]

[お名前]

[送り先]

[電話]

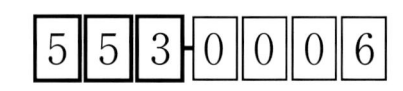

ご購読、誠にありがとうございました。
ぜひ、ご意見、ご感想をお聞かせください。

＊お寄せ頂いた方の中から毎月抽選で
20人の方に小社の本、どれでも1冊プレゼント！

[お名前]

[ご住所]

[電話]

[E-mail]

①お読みいただいた書名

②ご意見、ご感想をお書きください

（プレゼント希望の書名：　　　　　　　　　　　　　）

＊お寄せ頂いたご意見、ご感想は小社ホームページなどに紹介させて頂く場合がございます。ご了承ください。

ありがとうございました。

日本機関紙出版センター　でんわ 06-6465-1254　FAX 06-6465-1255

1.「8・8天皇退位メッセージ」からの経過

「皇室典範特例法」の成立へ

まず最初に、3年前にはまったく考えられなかった天皇の「生前退位」が、どういう経過を経て今日に至っているのかを改めて振り返ってみたいと思います。

以下に経過をまとめましたので見ていきましょう。

①第1段階　発端

2016年7月13日　NHKが午後7時のニュースで報道

2016年8月8日　午後3時、「象徴としてのお務めについての天皇陛下のお気持ち」(「お言葉」、「8・8天皇退位メッセージ」)をテレビ各局が報道

②第2段階　有識者会議と国会の関与

2016年10月17日　「天皇の公務負担軽減等に関する有識者会議」設置。4月21日、最終報告を取りまとめる

2017年1月16日　衆参両院正副議長の下に検討の場を設けることを決定。3月17日、「『天皇の退位等についての立法府の対応』に関する衆参正副議

長による議論の取りまとめ」提出

③第3段階　特例法の成立

２０１７年５月10日　政府、「天皇の退位等に関する皇室典範特例法」案要項を衆参正副議長と各政党・会派代表者による全体会議で提示

２０１７年５月19日　政府が「皇室典範特例法」案を閣議決定し国会に提出、６月９日可決（６月16日公布）

④第４段階「代替わり」式典の大枠の決定

２０１７年12月１日　「皇室典範特例法」に基づき皇室会議開催、退位日（「特例法」施行日）を４月30日とする

２０１７年12月８日　天皇の退位日にあたる「皇室典範特例法」の施行日を２０１９年４月30日とする政令を閣議決定（13日政令を官報に掲載し公布）

２０１８年１月９日　「天皇陛下の御退位及び皇太子殿下の御即位に伴う式典準備委員会」（委員長菅官房長官、以下「式典準備委員会」と略）開催

３月31日　「式典準備委員会」第３回会合、「天皇陛下の御退位及び皇太子殿下の御即位に伴う国の儀式等の挙行に関わる基本方針」（以下、「基本方針」と略）を決定（４月３日閣議決定）

⑤第5段階　具体的な検討

２０１８年８月１日　「皇位継承式典事務局」発足（局長山崎重孝総務省自治行政局長）

10月12日　「天皇陛下の御退位及び皇太子殿下の御即位に伴う式典委員会」（委員長安倍首相、以下「式典委員会」と略）開催

宮内庁「大礼委員会」（委員長山本宮内庁長官）開催

第1段階はまず「発端」です。２０１６年7月13日の午後7時のＮＨＫニュース報道、正式には8月8日にテレビ各局で流された天皇の「8・8天皇退位メッセージ」で、自身の高齢化に伴い「象徴としてのお務め」を行うことが困難になった旨を切々と訴えられて以降、国民が自らも考えてもいなかった「生前退位」を支持する方向に一斉に流れた段階です。

「8・8天皇退位メッセージ」そのものは、明仁天皇が即位以来の28年間の歩みの中で国民の「傍らに立ち、その声に耳を傾け、思いに寄り添」い「喜びの時、また悲しみの時を、人々と共に過ご」すことによって、国民との間に「深い信頼と敬愛」の念を築きあげてきたことの自負、象徴天皇として即位した天皇が自らの行いによって「象徴天皇制」、「象徴天皇像」を確立・定着させたことへの強い自負の念を感じさせるものでした。

しかし、他方でその自ら作り上げた「象徴天皇制」の行く末に強い危機感をいだいていることをも感じさせるものでした。それは、①「高齢による体力の低下」によりそのような「象徴としての務めを果たしていくことが難しく」なってきたこと。②また、天皇が「深刻な事態に立ち至った場合、…社会が停滞し国民の暮らしにも様々な影響」を与えるおそれがあること。③さらに「天皇の終焉にあたっては、重い殯《もがり》の行事が連日ほぼ2カ月にわたって続き」、「行事に関わる人々、とりわけ残される家族は、非常に厳しい状況下に置かれざるを得」ないことの3点を具体的に述べています。②は昭和天皇が重態に陥った時、日本列島を襲った「自粛」騒ぎを想定しているものと思われます。③は新皇后となる皇太子妃雅子氏の体調を気遣っての発言でしょう。

そして最後に、象徴天皇制がこれからも安定的・永続的に続くために国民の理解を求めています。

ここには、自らの退位のことは一言も述べられていませんが、①の高齢化に関して、国事行為や公的行為の縮小・また摂政を置くことの否定を通じて自らの退位（生前退位）をほのめかし、さらにそのことによって②や③の危惧が軽減されるということを匂わせているのです。在位中の天皇の死去と退位した天皇の死去とでは、国民に与える影響や行事に関わる人びとの負担感は違う（減らすことができる）のではないか、また新天皇の即位

（践祚《せんそ》）と前天皇の葬儀（大喪）の連続を遮断することによって雅子氏をはじめとする皇室・皇族の家族の負担を軽減できるのではないかというものです。

「8・8天皇退位」メッセージでは具体的に触れていませんが、この象徴天皇制の危機感には恐らく皇族数の減少や現皇太子が即位した後の、次の天皇の問題（皇位継承が第一位になる秋篠宮はなんと70歳を越えて即位、天皇になる可能性がある）等も含まれ、これと関連して2000年前後からしばしば議論されてきた、女性・女系天皇、女性・女系皇族の問題も横たわっているものと推測されます。

その意味で、「8・8天皇退位メッセージ」は、2013年11月に宮内庁より発表された天皇、皇后の葬送改革（「今後の御陵及び御喪儀のあり方について」）、即ち約400年間続いてきた土葬を改め火葬にすることや陵墓の規模を縮小することと並んで、近代の神権的、絶対主義的天皇制を作りあげるための「代替わり」のシステムを、今の象徴天皇制に適合的なシステムに修正していこうという天皇の意向に通じるものをもっていました。

しかしながら、国民的にはこうした天皇の危機感、問題意識は必ずしも共有されず、もっぱら国民の天皇に対する「深い信頼と敬愛」の念を背景に、高齢にも関わらず天皇としての職務を遂行している健気《けなげ》な姿に、「お気の毒」「かわいそう」という気持から「生前退位」に8割~9割の国民が圧倒的な支持を寄せたのです。

マスコミ等によると安倍首相はこの数年、水面下で発せられていた、そして直接的には1年前には伝えられていた、この天皇の「生前退位」の意向には無視を決め込んできたということですが、一旦このことが公にされて国民の世論も一斉にその方向になびいていくと、「安倍一強」と言われ、「思い通り」の政策を次々に強行してきた感のある安倍首相も、さすがにこの流れには竿を指すことはできませんでした。

しかしながら全体的には、この「8・8天皇退位メッセージ」はこれまでほとんど考えられていなかった「生前退位」が天皇のメッセージによりあっという間に8割～9割の支持を得たこと、また「天皇という立場上、現行の皇室制度に具体的に触れることは控えながら、私が個人として、これまでに考えて来たことを話したいと思います」、「天皇は国政に関する権能を有しません」と断りながらも、自らが行ってきた象徴的行為（公的行為）を全て肯定的に捉えていること（憲法上に規定のない公的行為については違憲論を含めさまざまな意見がある）、またその上で公的行為を縮小することや、摂政という制度に対する否定的発言など、明らかに「国政に関する権能を有しない」という象徴天皇制の原理に抵触しかねないという大きな問題を持ったものでした。

ただ、「生前退位」を認めない、いくら高齢になっても天皇で在り続けなければいけないという、今日の人権感覚からいえば明らかにおかしいということを、天皇以外の他者が言い出すのも難しい、それは天皇を政治的に利用することにも繋がりかねないという現実もあります。いずれにしても、これからは国民の側から象徴天皇制について積極的に具体的に考えなくてはならない時期にきているように思います。

第2段階は「有識者会議」と国会が関与した段階です。以上に見たような流れを受けて、2016年10月17日、菅官房長官の下に「天皇の公務負担に関する有識者会議」(座長・今井敬日本経済団体連合会名誉会長、座長代理・御厨貴東京大学名誉教授、以下「有識者会議」)が組織され、法学や歴史学等の専門家からのヒアリングを含めて検討を重ね、翌2017年の4月21日に最終報告を取りまとめました。またそれとは別に、その存立の基盤を主権者たる国民に基礎をおく天皇の退位について、有識者会議に任せるのではなく、国民を代表する国会においても議論すべきだとして同年1月16日、衆参両院正副議長(大島理森衆院議長、伊達忠一参院議長ら)の下に各党・各会派が集められ、検討の場を設けることを決定します。そして数回の検討を経て、3月17日には『「天皇の退位等に関する立法府の対応」に関する衆参正副議長による議論の取りまとめ』が出されました。

第3段階は「特例法」成立の段階です。政府は以上の二つの取りまとめを受けて「天皇の退位等に関する皇室典範特例法」案(以下「皇室典範特例法」案)要綱を各政党・会派に提示、そこでの議論を受けて5月19日「皇室典範特例法」案の閣議決定、そして国会に提出し、6月9日に可決され「皇室典範特例法」が成立しました（6月16日公布）。

ここで「皇室典範特例法」の特例とは何かについて簡単に説明しておきたいと思います。江戸時代まで天皇の死去に伴う「代替わり」の他に、天皇が生存している内に位を譲る「譲位」という方法による「代替わり」も歴史上の天皇の約半数が行っています。しかし、近代になり天皇の絶対的な権威・権力と天皇制の安定性を確保するために旧皇室典範の第10条に「天皇崩ずるときは皇嗣《こうし》即ち践祚《せんそ》し祖宗《そそう》の神器を承《う》く」と規定し、戦後の皇室典範もこれを受けて、第4条で「天皇が崩じたときは、皇嗣が、直ちに即位する」と前天皇の死去を前提としてのみ新天皇の即位が可能となっていました。

したがって、「生前退位」を実現するにはこの皇室典範第4条の規定を改正するか、規定はそのままにしても「生前退位」を特例として認めるという法律を作る＝特例法方式をとるかの二つの方法があったわけです。野党としては全体として第4条等を改正する「皇室典範」の改正を主張しましたが、与党は天皇の「生前退位」は原則として認められない。しかし、今回の明仁天皇の場合だけ特別に認めようということで、「皇室典範」の改正ではなく、あくまでも例外として「特例法」で対応しようとしたわけです。この与党側の対応にはそもそも「皇室典範」には触らせたくないという思惑もあったようです。なぜなら、現在問題になっている女性・女系天皇問題も憲法には第2条に「皇位は、世襲のものであって、国会の議決した皇室典範の定めるところにより、これを継承する」とだけあり、男性とも女性とも書いていないのです。ところが皇室典範の第1条に「皇位は、皇統に属する男系の男子が、これを継承する」と、ここで「男系の男子」ということが初めて規定されているのです。したがってこの皇室典範を改正すれば女性・女系天皇も可能になってくるのです。与党はこうしたことにも影響を及ぼしてくるという考えから皇室典範そのものの改正ではなく、あくまでも「特例法」による解決を目指したのです。

結局、「特例法」にしても明仁天皇一代だけでなく、将来の天皇の退位の「先例」となり得るという与野党の合意を得て「特例法」形式の生前退位となったのです。

成立した「皇室典範特例法」は趣旨（第1条）で、①天皇は、国事行為のほか「被災地のお見舞いをはじめとする象徴としての公的なご活動に精励して」きたが、高齢となりこうした活動が「困難となることを深く案じていること」、②国民も「この天皇陛下のお気持ちを理解し、これに共感していること」、さらに③皇太子も「国事行為の臨時代行等の公務も長期にわたり経験していることなどの状況に鑑み、皇室典範「第4条の規定の特例として、天皇陛下の退位及び皇嗣の即位を実現する」としています。

さらに2条以下では、天皇退位後の地位及び退位に伴う必要な事項が定められています。即ち、退位後の天皇は「上皇」、皇后は「上皇后」とする。これらの事務を担う組織を「上皇職」として新設し「上皇侍従長」、「上皇侍従次長」を置く。象徴としての行為（いわゆる「公的行為」）はすべて新天皇に譲る。今の皇太子には男子がいないので、即位した場合、次の皇位継承順位第1位の秋篠宮を「皇嗣」（皇太子ではないが同じように待遇する）とし事務を担う「皇嗣職」を新設する。また退位の日程は皇室会議の意見を聴かなくてはならない等のことが定められました。

また、この「皇室典範特例法」には付帯決議が付けられ、「安定的な皇位継承を確保するための諸課題、女性宮家の創設等について」、本法施行後速やかに検討を行い国会に報告すること。また、「改元に伴って国民生活に支障が生ずることがないよう」万全の配慮を行うこと等が記されています。

この「皇室典範特例法」の評価ですが、全体としては、衆参両院の議長・副議長の下で法案の成立前に取りまとめる方式をとったこと、また個別的には野党が一致して求めていた皇室典範の改正には至らなかったことや、特に民進党や社民党が求めていた女性・女系天皇、女性・女系宮家の議論に踏み込めなかったこと、さらには日本共産党が衆議院運営委員会で修正案を出したように（否決）、立法趣旨に「8・8天皇退位メッセージ」に対する国民の「理解」と「共感」をあげているがこれは天皇の政治的権能の行使に当たる恐れがあること、さらには天皇の「公的行為」のすべてを肯定するものになっていることとなどの問題点を孕んだものです。

しかしながら自由党が皇室典範の改正ではないという立場から衆参の本会議の採決に加わらず棄権・退席したことや、衆院本会議の採決で無所属議員の3人が反対票を投じたことを含めて、戦後に新しく成立した皇室典範について、戦後初めて「実質的・本格的」に議論できたことの意味は大きく、憲法に規定されている「皇位は、世襲のもの」という限定の下ではありますが、国会が皇室典範に関与したという事実は、戦後の象徴天皇制が国民主権下の天皇制であることを日本の歴史上に刻印したことになります。

その意味で、歴史家の古川隆氏が「初の民主的手続き壮大な実験」(「朝日」2017年6月10日)で述べた「天皇制の歴史を通じて、初めて民主的手続きを経て退位が実現するということです。戦後の天皇制の原則は退位を含めた天皇の在り方を国会で議論し、多数決で決められるということです」という評価に同意するものです。

次に第4段階は「代替わり儀式・式典の大枠の決定」の段階です。「皇室典範特例法」により現天皇の退位の日は皇室会議の意見を聴かなければならないとされていたので、2017年12月1日に安倍首相を議長とする皇室会議が開かれ、現天皇の退位日(「皇室典範特例法」の施行日)を2019年4月30日にすることが決まりました(8日に閣議決定)。これにより新天皇の即位日も5月1日となりました。こうして基準となる日程が確定したので、2018年1月9日、菅官房長官を委員長とする「式典準備委員会」が発足、その第3回会合（3月31日）で「政府の基本方針」が決められました（4月3日閣議決定）。この「基本方針」については後で詳しく触れます。

第5段階はその「基本方針」に基づいて具体的なことが検討されていく段階です。その内容は時々に報道されています。例えば「大嘗祭《だいじょうさい》」に使用する米を収穫する田（悠紀田・主基田）の選定はこれまで占い＝亀卜《きぼく》という亀の甲羅を焼いて、そのひび割れの状況で決められてきましたが、ではその亀の甲羅をどこで調達するのかということがテレビで放送されていました。この占いにはアオウミガメの甲羅を使うのだそうですが、この亀は絶滅危惧種に指定されており獲ってはいけないものです。ただ小笠原諸島では食用にすることが伝統的に認められているそうで、そこで獲られたアオウミガメの甲羅を使用すると報じていました。また今は京都御所に保管されていますが、「即位礼」で新天皇が登る高御座《たかみくら》と新皇后が登る御帳台《みちょうだい》が東京に運ばれたとの報道もありました。このような具体的なことが既成事実のように進められて行きました。

そして10月12日、いよいよ安倍首相を委員長とする「天皇陛下の御退位及び皇太子殿下の御即位に伴う式典委員会」（以下「式典委員会」と略）と山本宮内庁長官を委員長とする「大礼委員会」が発足し、そこでの検討を通じて「代替わり儀式」の細部にわたる次第が決定されました。

基本方針は「平成の代替わり」を踏襲

さて以上の経過の中で、２０１８年4月3日に閣議決定された「天皇陛下の御退位及び皇太子殿下の御即位に伴う国の儀式等の挙行に関わる基本方針」（以下、「基本方針」）の内容を見ていきましょう。

まず基本的な考え方として、①「憲法の趣旨に沿い、かつ、皇室の伝統等を尊重したもの」であること、②「平成の代替わり儀式」は「現憲法下において十分な検討が行われたもの」であるから、「基本的な考え方や内容は踏襲」するとしています。

次に具体的な式典については、２０１９年4月30日に天皇の「退位の礼」として「退位礼正殿の儀」を国事行為として行う。さらに、皇太子の即位に伴う儀式については「即位の礼」として5月1日に「剣璽等承継の儀《けんじとうしょうけいのぎ》」と「即位後朝見の儀《そくいごちょうけんのぎ》」を国事行為として行う。また、新天皇の即位を内外にお披露目する「即位の礼」として、10月22日に「即位礼正殿の儀」と「祝賀御列の儀」を、そして10月22日以降に（後に22日、25日、29日及び31日に決定）「饗宴の儀」を国事行為として行うことを決定しました。さらに、国事行為ではありませんが、公的性格を持つ行事として挙行する大嘗祭（後に11月14日・15日に決定）を宮内庁において準備を進めることを口頭了解しています。

この他の関連行事として2019年2月24日に「天皇陛下在位30年式典」を内閣の行事として国立劇場で行うことを決めました。この式典が2019年の一連の「代替わり儀式」の前触れとして最初に行われる行事となります（三浦大知氏、鮫島有美子氏の記念演奏を含めて約1160名の参加で行われた）。また、内閣総理大臣夫妻主催の晩餐会を10月23日に行うことも決めました。

さらに文仁親王・秋篠宮の「皇嗣」就任を祝う「立皇嗣《りっこうし》の礼」を2020年のしかるべき時期に行うということも決めました（後に4月19日に決定）。

以上が「基本方針」で決まった内容ですが、この「基本方針」の二つの原則、「憲法の趣旨に沿い、かつ、皇室の伝統等を尊重したもの」という点、及び個々の具体的な儀式の持つ意味については後で述べるとして、ここではもう一つの原則、「平成の代替わり儀式」は現憲法下において十分に検討されたものということについてだけ、簡単に指摘しておきたいと思います。結論的に言えばそれは全く事実と違うということです。

すなわち、1988年9月に昭和天皇が重態になり「代替わり」が予測された時、野党議員が「代替わり儀式」の具体的内容について説明を求めたのに対し「こういう時期なので、ひたすらご回復を祈っている段階であり、レクチュアは勘弁してほしい」（88年9月

26日、「関係省庁への事前の説明要請に付いて」）、「具体的内容につきましては、現在お答えのできる段階ではございません」（88年11月8日、衆院決算委員会、小渕官房長官答弁）と答弁を拒否していました。そして翌年1月7日、昭和天皇が死去（午前6時33分）した直後、新天皇の「剣璽等承継の儀」（午前10時）が行われる直前の閣議において初めて「剣璽等承継の儀」や「即位後朝見の儀」の二つの儀式が国事行為として行われることが明らかにされたのでした。

このように「平成の代替わり儀式」は「現憲法下において十分な検討が行なわれた」ものとは決して言えないものなのです。このことだけを指摘しておきたいと思います。

たしかに、これらの旧「践祚」の儀式（後述）が終了した後、昭和天皇の大喪中の1989年9月に、翌年に予定されている「即位の礼」をどのように行うかを検討する森山内閣官房長官を委員長とする「即位の礼準備委員会」が設置され（同日藤森宮内庁長官を委員長とする「大礼準備委員会」も発足）、その中で、有識者からのヒアリングを含めた検討が行われました。しかし、この準備委員会の検討は、11月7日の第1回ヒアリングの当日、各紙朝刊が一斉に「即位の礼」・大嘗祭に関する政府原案（後にほぼその通りに決定）を報道したように、それは形だけのもので、昭和天皇の死去直後の旧登極令の「践祚」に倣った儀式の挙行が事実上それ以降の「大礼」（「即位の礼」と「大嘗祭」）の方向性を決めてしまったのです。

また、「平成の代替わり」は現憲法下において十分に検討されたものであるという点に関連して、今回の式典準備委員会の検討資料として「平成の御代替わりに伴う儀式に関する最高裁判決」という資料を出して、裁判においても最高裁で合憲判決が出ていると強調しています（第2回式典準備委員会、19年2月20日）。

しかし、これは不正確です。「平成の代替わり儀式」を巡っては、1990年9月に「納税者基本権」に基いて、諸儀式・行事がいずれも神道儀式であり、憲法の政教分離原則及び国民主権原理に違反するもので、その差し止めと精神的苦痛に対する損害賠償を求める「国家賠償訴訟」（大阪即位礼大嘗祭違憲訴訟）が提訴されました。

さらに「代替わり儀式」終了後、大分、鹿児島、神奈川、東京で知事などが「即位の礼」や「大嘗祭」（含む関連儀式）に出席した等のことは政教分離原則などに違反し、そのための公費支出は違憲・違法であるとして支出の返還と損害賠償を求めた住民訴訟が起こされます。

後者の4件はいずれも最高裁で知事などの儀式への出席などは「社会的儀礼としての参列で、政教分離原則に反しない」という判断が行われました。但し、これは国が「即位の礼」や「大嘗祭」を挙行することの合憲、違憲そのものの判断ではなく、それらの儀式・行事への知事などの参加を判断したものです。

これに対して、国のそれらの儀式の執行そのものを問うたのが前者の「大阪即位礼大嘗祭違憲訴訟」です。これも1995年3月の大阪高裁の判決では、訴訟手続上の問題等により訴えそのものは退けられ敗訴しましたが、その結論を導き出す過程において「大嘗祭が神道儀式としての性格を有することは明白であり、これを公的な皇室行事として宮廷費をもって執行したことは、…政教分離規定に違反するのではないかとの疑義は一概に否定できない」とし、「即位の礼」に関しても「天皇が主権者の代表である首相を見下ろす位置で『お言葉』を発するなど、現憲法の国民主権原則の趣旨にふさわしくないと思われる点がなお存在することも否定できない」との指摘がされております（原告が上告せず判決は確定）。

なお、今回の「代替わり儀式」に関しても2018年12月10日、全国の市民や宗教者など241人から「即位の礼・大嘗祭等違憲差止請求」訴訟が提訴され、「納税者基本権」の立場から、一連の儀式に対する税金の支出に対する差し止め請求と違憲確認、並びに国家賠償法に基づく損害賠償を求めています。

2. 時代によって変化する「代替わり儀式」

伝統は創られ変化する

さて、前段部分が長くなってしまいましたが、これからいよいよ本題に入りましょう。まず、第一に政府が行おうとしている今回の「代替わり儀式」、先の「基本方針」でも見ましたように、政府は「皇室の伝統」を尊重したものであると言っています。そして多くの国民も「代替わり儀式」がいかにも古くから、「王朝絵巻風」な儀式が連綿として続いてきたもののように思っていますが、それは違うということです。確かに天皇制は古代からずっと続いているわけですから、「代替わり儀式」も基本的にはずっと行われてきました。

新しい王(天皇)はカリスマ性を持っていません。そのため王制が一番危ないのはこの「代替わり」の時点です。前の王が亡くなって次の王に誰が就くのかという時に、いろんな争いや事件が起きています。これは古今東西同じです。ですからどうやってそれを乗り切って、臣下の尊敬・服従意識の醸成と一体感を涵養していくか、そのために、新しい王にカリスマ性をどのように身に着けさせるかということが極めて大事になります。ここに、「代替わり儀式」を盛大に行う理由があるのです。これは天皇制も例外ではなく、それを前近代では中国や近代では西欧の君主国から学んできました。

しかし、この「代替わり儀式」をどのような形で行うかは時代によって大きく異なっているということをしっかり認識する必要があると思います。具体的には①天皇の権力の在り方や、②その時代の支配的思想（政治思想、宗教）といった二つの要因により、時代によって大きく変化してきたということです。

そして結論から言えば、今、政府が「皇室の伝統」として行おうとしている、そして多くの国民もそのように認識させられている「代替わり儀式」は、たかだか今から１５０年前の明治以降に形作られた、極めて新しいもの、イギリスの歴史学者エリック・ボブズボウムが言う「近代に新しく創られた伝統」にすぎないということです。

陵墓の変遷

まず、今回は「生前退位」ということで前天皇の葬送儀礼はありませんが、「代替わり儀式」は大きく分けて、前天皇の葬送儀礼または譲位の儀礼と、新天皇の即位儀礼の二つからなっています。そして、「代替わり儀式」が時代により大きく変化するということは、この前天皇の葬送儀礼、特に天皇の墓＝陵墓の在り方によく表れていますので、まずそれから見ていきたいと思います。

天皇の陵墓と言えば、みなさんは教科書でも習ったあの大阪府堺市大仙町にある百舌鳥《もず》古墳群の一つ、伝仁徳天皇陵（現在の大山古墳）を思い浮かべる方が多いでしょう。墳丘の全長が約500m、高さ（後円部）約36mもある日本最大の前方後円墳で、世界でも最大級の墓の一つです（**写真1**）。

写真1　大山古墳（伝仁徳天皇陵）

出所：国土交通省ホームページ

しかし、実際にこのような巨大な墓が造られたのは3世紀後半から7世紀にかけての古墳時代と言われる時代の中でも、4世紀末から5世紀にかけての一時代だけで、大王（天皇）の絶対権力の有り方の変化（律令天皇）、また葬儀を簡略化する薄葬思想《はくそうしそう》（646年薄葬令）の広がりや仏教の火葬の影響もあり、以降墳丘は小さくなり、確かに土は盛っていても小さな円墳や八角墳に変わっていきます。

この墳丘を伴う陵墓を「墳丘式陵墓《ふんきゅうしきりょうぼ》」と言います。「陵」とは丘と言う意味、丘のように大きな墓という意味で陵墓と言うのですが、古代末から中・近世になるとこれに変わり、新しく「堂塔式陵墓《どうとうしきりょうぼ》」といわれる陵墓が登場してきます。それはお寺（陵寺）にお堂や九重の塔を建て、そこに遺骨（遺体）を安置（埋葬）するもので、後一条天皇（１０３６年没）が菩提樹院という三昧堂を建て、陵所に仏道を営むという新制がとられたのを嚆矢とし、仁孝天皇（幕末の孝明天皇の前の天皇、１８４６年没）に至る8百年の間、陵制の主流となります。小さな円墳・八角墳に変わって法華堂や九重塔などの塔が寺院内に設けられ、僧侶が葬儀を執行する形になりました。

写真2　泉涌寺月輪陵・後月輪陵の拝所。この奥に25人の天皇・皇后の陵墓等がある

筆者撮影

　このことを最も象徴するのが深草北陵（十二帝陵）や泉涌寺《せんにゅうじ》にある「月輪陵《つきのわのみさぎ》・後月輪陵《のちのつきのわのみさぎ》」です。深草北陵は、この地に創建された安楽行院の法華堂に後深草天皇（１３０４年没）の遺骨が安置されて以来、この法華堂

に南北朝時代の北朝方の天皇を始め後陽成天皇（1617年没）まで12人の天皇の遺骨が納められているのです。

「月輪陵《つきのわのみさぎ》・後月輪陵《のちのつきのわのみさぎ》」は一つの兆域《ちょういき》、1カ所の拝所からなりますが、実はここには鎌倉時代の四条天皇をはじめ25人の天皇・皇后の陵墓の他、五つの天皇灰所、九つの皇子や後宮の墓が集置されています。特にここには幕末の孝明天皇を除き江戸時代初期の後水尾天皇（1680年没）から後桃園天皇（1779年没、以上月輪陵）、光格天皇（1840年没）から仁孝天皇（1846年没、以上後月輪陵）まで、江戸時代の歴代の天皇13人のすべての陵墓（九重の石塔）が設けられています（**写真2・3**）。

一つの兆域に多くの陵墓を集置しているわけですから一人ひとりの陵墓はそんなに広くはありません。例えば、後光明天皇（1654年没）の場合、江戸幕府の儒教興隆政策の

写真３　月輪陵・後月輪陵の制札。多くの天皇皇后等の名前が書かれている

筆者撮影

中でそれまで一般化していた火葬が土葬に変わりましたが、それでも石の唐櫃に埋葬し、6・12㎡の基壇を設け、その上に高さ5・15mの九重石塔を置いたものです。先ほど、天皇・皇后の墓を陵墓というのは丘のように巨大な墓を築くからだと書きましたが、この数㎡余の「堂塔式陵墓」は字義の上からはもう「陵墓」とは言えないほど小さなものになってしまっているのです。そして、この陵墓の設置を含めて葬儀に関わったのは泉涌寺の僧侶たちで、それは火葬から土葬に変わっても明治維新までは僧侶が葬儀全般に関与するという形が続いていきました。私たちは天皇の陵墓と言いますと教科書や奈良・京都の修

図1　月輪陵・後月輪陵の堂塔式陵墓の配置図

出典：宮内庁書陵部陵墓課『陵墓地形図集成』、1999年、学生社、147頁

図2　泉涌寺の月輪陵・後月輪陵の図

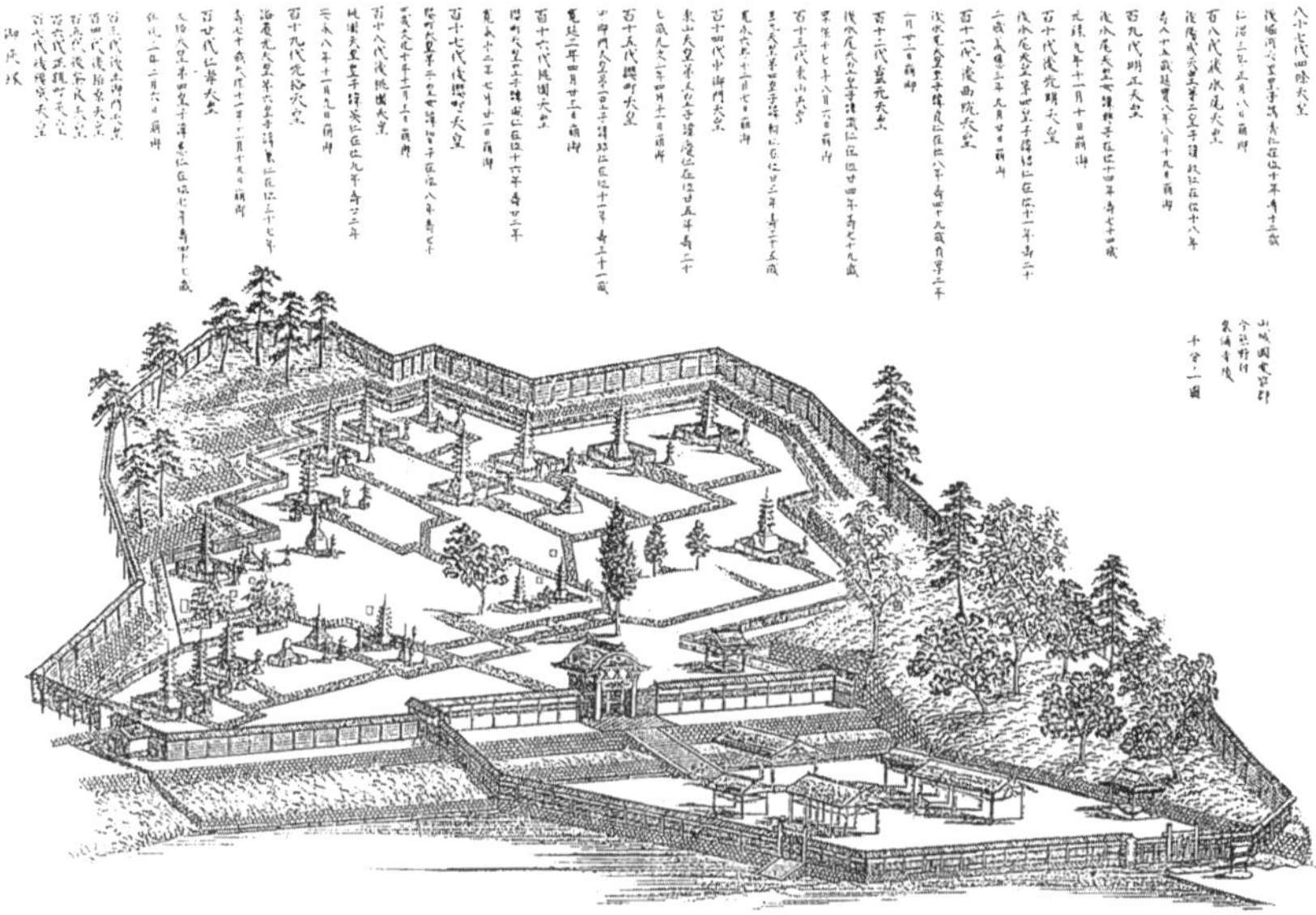

出所：『御歴代山陵真影』1904年、奉天社、国立国会図書館蔵

学旅行で刷り込まれた巨大な丘のようなものをイメージしますが、実はそれは歴史上からみれば極めて短い期間のものであり、むしろ寺の境内で法華堂や九重の石塔を設ける「堂塔式陵墓」の時代の方がむしろ長かったのです（**図1・2**）。

　ところがこうした流れを変えたのが、150年前の幕末、明治維新直前に亡くなった孝明天皇の陵墓からです。孝明天皇の陵墓は、同じく泉涌寺の境内に造られましたが、後月輪東山陵として、単独の墳丘式陵墓として造られました（49頁**写真5・6**）。以後、明治天皇（伏見桃山陵―50頁**写真7**）、大正天皇（多摩陵）、昭和天皇（武蔵野陵）と4代の天皇がこれに続いたのです。このように天皇の絶対的権力の回復、及び神仏分離、廃仏毀釈政策を経ての神道興隆政策、国家神道の成立という大きな時代の変化の中で、今から150年前に「墳丘式陵墓」が復活したのです。

以上、天皇の「代替わり儀式」は時代によって大きく変化するものだということを、天皇の葬送儀礼・陵墓を中心に見てきましたが、次に本題の即位儀礼でこれを見ていきたいと思います。

即位儀礼の変遷

天皇の即位儀礼は、7世紀末の天武天皇の時、古代律令制国家の確立期に中国風（唐風）の即位式の他に新たな即位の儀礼として、日本の稲作儀礼をもとにした「大嘗祭」というものが創設され、持統天皇の時から初めて「即位礼」と「大嘗祭」という二つの即位儀礼が行われるようになります。この持統天皇は歴史に画期を作る人でした。女帝で天武天皇の妻ですが、藤原京を造り、この「大嘗祭」を始め、天皇の火葬を始めたのもこの人でした。

さらに8世紀末、中国式の「即位礼」が本格的に挙行されるようになった奈良時代末期の桓武天皇の即位から、即位の儀礼が新天皇即位後、皇位の空白をなくすために三種の神器を継承して直ちに即位をする「践祚《せんそ》」の儀式と、即位後一定の期間をおいて大規模な、

お披露目的性格を持つ「即位礼」に分離して以降、「践祚」、「即位礼」、「大嘗祭」の三本立てで行われるようになったのです

しかしそれがまた変わっていきます。まず、「大嘗祭」が中世から近世初頭の天皇権力の衰微、経済力の衰えとともに不執行、さらには廃絶という事態を迎えます。室町時代、応仁の乱の前年、１４６６年（文正元）の後土御門天皇（「１０３代」）の「大嘗祭」で中断し、２２１年後の１６８７年（貞享４）東山天皇の時一時復活しましたが、この間「9代」約２００年間に亘り行われませんでした。それが完全に復活したのは江戸時代中期、１７３８年（元文３）の桜町天皇（「１１５代」）からでした。２００年以上にわたって「大嘗祭」を行わない、それが当たり前のようになっていた時代があったこと、このことはしっかり押さえておく必要があると思います。

また、「即位礼」は継続して行われてきましたが、その様式は大きく変容を遂げていきます。「即位礼」はもともと律令制導入と関連して、当時の先進国である中国風（唐風）で儒教色の濃い儀式として行われていましたが、陵墓について前述したように、仏教の影響が強くなると「即位《そくい》灌頂《かんじょう》」という仏教色が入り込んできて、全体として神仏習合的な「即位礼」が行われるようになります。

「灌頂《かんじょう》」とは本来、古代インドの国王の即位等に行われた、灌頂水と呼ばれる四大海（世

界）の海水を即位する王の頭上に注ぐ儀式で、のちに仏教儀式にも取り入れられ、特に密教では伝法灌頂など重要な儀式となっていきました。平安時代末の院政期、仏法の興隆が王権の興隆に直結するという仏教的国家観（王法仏法相依論等）が意識されるようになると、「即位礼」の中に「即位灌頂」などの儀式が取り入れられるようになっていったのです。

これは通常の灌頂とは異なり頭頂に水を灌《そそ》ぐプロセスを欠いたものです。天皇が即位礼で、高御座《たかみくら》に進むとき、あるいは登壇して、手に智拳印《ちけんいん》（金剛界大日如来の印相、左右それぞれ親指を中心にして拳を結び左手の人差し指を伸ばして右手の掌中に入れる）を結び、口で大日如来の真言（呪文）を唱える秘儀で、この「即位灌頂」を行うことにより天皇は密教における本尊、最高仏である大日如来と一体化し、極めて高い宗教的な権威を得ることになるというものです。当時の神仏習合の本地垂迹説《ほんちすいじゃくせつ》、日本の天照大神はこの大日如来が神の形をとってあらわれたものであるという理論が背景にありました。

この「即位灌頂」を最初に行ったのは、１０６７年の後三条天皇の即位の時とされていますが、恒常的に行われるようになったのは鎌倉時代後半、１２８７年に即位した伏見天皇以降で、幕末の孝明天皇（１８４７年）まで約５５０年間に亘って行われました。

このように、近代以前に行われていた天皇の即位儀式には私たちが思い描く王朝絵巻風の純神道式のそれとは大きく様相の異なるものが相当の期間、行われていたことをしっかり押さえておく必要があると思います。

また、この即位儀礼における仏教色、神仏習合的な儀式とともに、もう一つ私たちの常識、思いこみを覆すものとして「即位礼」の時に着る天皇の服装があります。奈良時代の末頃から幕末の孝明天皇までの長きにわたり天皇の即位時の服装は、中国の皇帝やベトナム等東アジアの冊封国《さっぷうこく》の王がかぶる冕冠《べんかん》（次頁**図4**）をかぶり、また袞衣《こんえ》といわれる龍など12種の絵柄が入った礼服（37頁**図5**、併せて袞冕十二《こんべんじゅうに》章《しょう》）を着て行いました。私たちは天皇の即位式ではすぐ**写真4**のような束帯姿を思い浮かべるのですが、それはわずか150年前の明治時代から始まったものなのです。

写真4　立纓《りゅうえい》の冠、黄櫨染の御袍を身につけた即位礼時の昭和天皇

出典：宮内省／『天皇四代の肖像』毎日新聞社、1999年11月

以上、葬送儀礼（陵墓）において「堂塔式陵墓」の

定着や寺院僧侶の関与、即位儀礼における「大嘗祭」の中断や、「即位灌頂」に見られる仏教的、神仏習合的色彩、さらには「袞冕十二章」に見られる中国・唐風の装束など、「代替わり儀式」が時代によって大きく変化してきたことは理解できたかと思います。

そしてその変化の要因の一つは天皇権力の在り方であり、もう一つはその時代の支配的思想（政治思想、宗教）の変化、具体的には中国・唐（律令）の思想や仏教的・神仏習合

図3　後醍醐天皇像。この像は後醍醐天皇の伝法灌頂図であるが、「袞冕十二章」をイメージできる貴重な図像である

出所：藤澤山無量光院清浄光寺（遊行寺）蔵

図4　冕冠

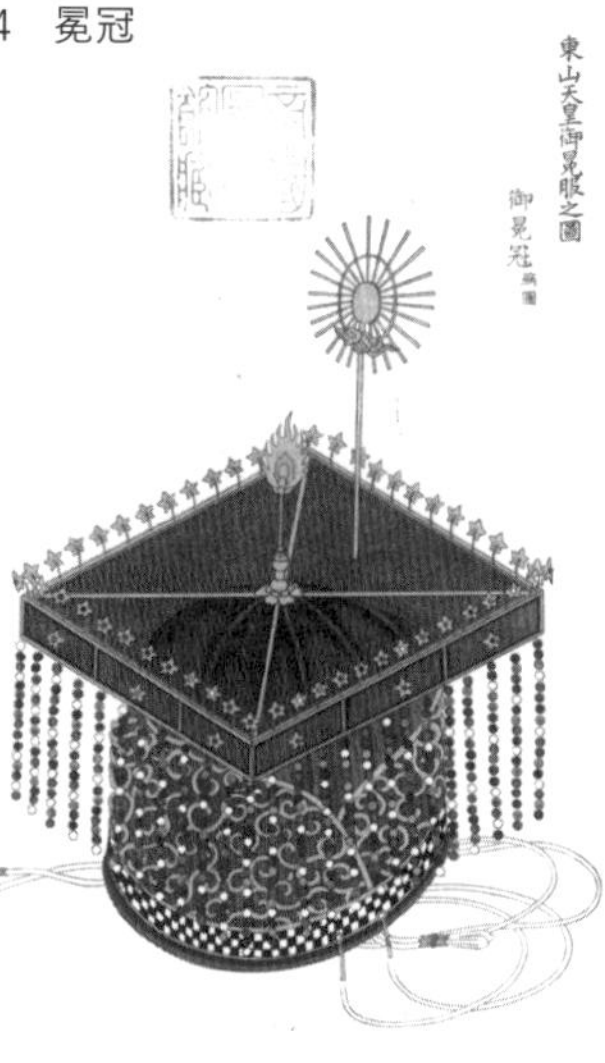

出所：『冕服図帖』（上）、岩下羆撰、1907年、山田直次郎、芸艸堂、国立国会図書館蔵

的宗教観念の定着、この二つの要因によってもたらされたものであったのです。

図5　袞衣の大袖（上衣）、上は前面、下は背面。皇帝の象徴である、龍や日、月、星（北斗七星）などの文様が描かれている

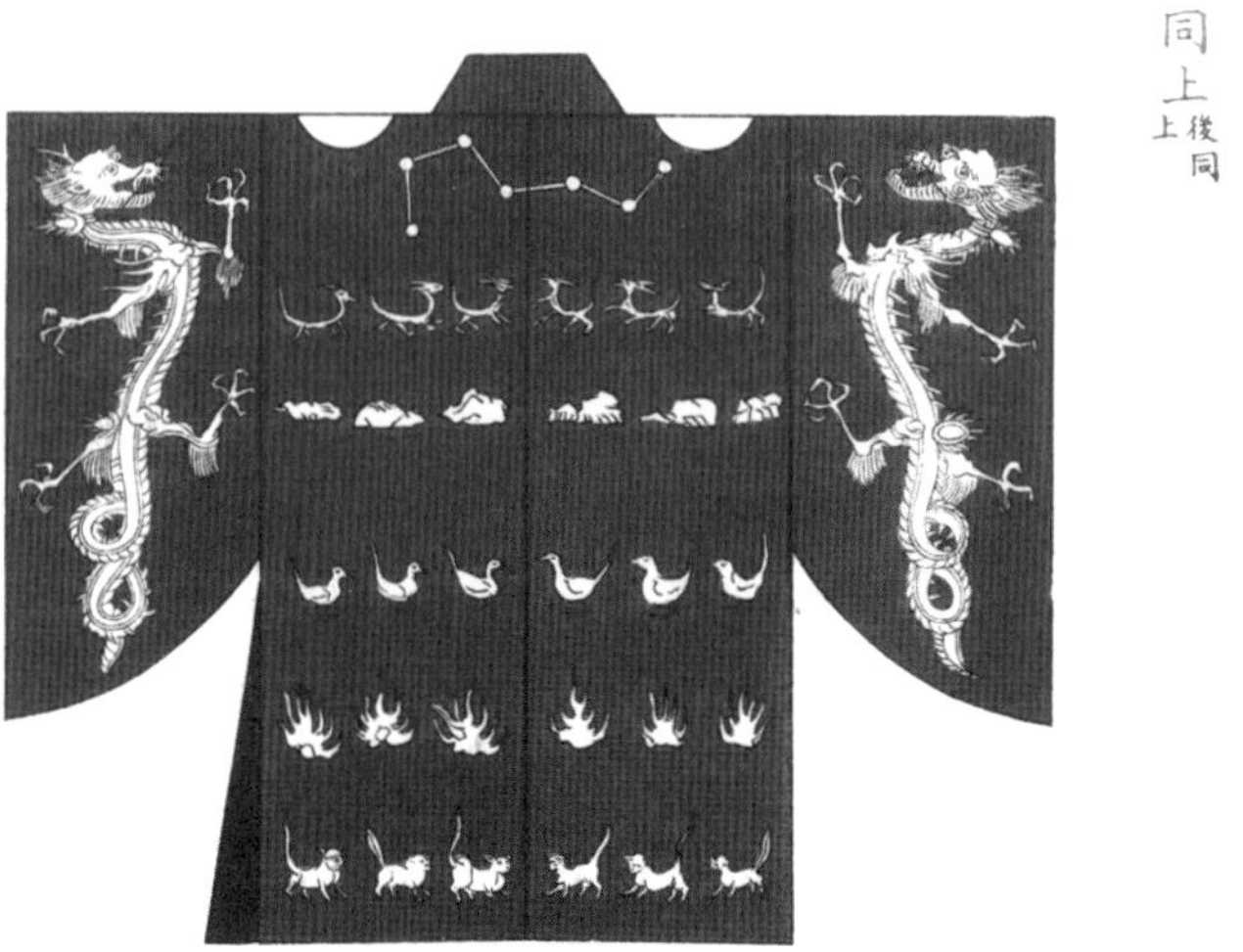

出所：『冕服図帖』（上）、岩下㬢撰、1907年、山田直次郎、芸艸堂、国立国会図書館蔵

3. 天皇制正統神話（神勅神話）

神権的天皇の押し出し

さて、いままで見てきた近代以前の「代替わり儀式」は近代になって大きく改変させられていきます。それがどのように改変させられていったのか、中国（唐）風や神仏習合的儀式に変わって、その改変の理念とされた、国家神道の教義ともいうべき天皇制正統神話（建国神話あるいは神勅神話）というものを見ておきたいと思います。

近代国家というのは国民国家といわれるように、被支配身分の者をも含めてそれらを国民として一人ひとりを直接統合するという特徴を持っています。明治維新に始まる日本の近代国家はそれを神権的天皇の押し出しによって成し遂げようとします。しかし、それまでの被支配身分の人々は京都市中などせいぜい一部の畿内近国の者を除いて、基本的には肝心の天皇の存在をイメージできませんでした。

そのために、維新直後から神仏分離（廃仏毀釈）を断行して神道中心主義を作りあげたり、1人の天皇の在世中は元号を変えない「一世一元制」を定めたり、旧来の五節句に変わり天皇・宮中祭祀中心の祝祭日を定めたり、全国各地を巡行（行幸）して生身の天皇の姿を国民の前に晒《さら》したりします。そして後には教育勅語を中心とする教育政策や国家神道体制の確立など、さまざまな政策を駆使しあらゆる機会をとらえて、この神権的天皇像を国民の間に浸透させようとします。それらの政策の理念に据えられたのが、国家神道の核心的教義ともいうべき天皇制正統神話（神勅神話・建国神話）と言われるものです。

今日ご出席のみなさんの多くは、いわゆる戦後の民主教育の中で神話など非科学的なもの、あるいは軍国主義につながるものとして全く素通りし、排除してきたと思うのですが、現在では違っております。学校教育（教科書）や漫画、アニメ等で今の子どもたち、若者は、私たちよりはるかに日本の神話と言われるものについての知識を持っているだけではなく、それに対する親和性を持っています。もちろん神話一般と天皇制正統神話はイコールではありませんが、私たちも神話というもの、特に天皇制正統神話についてしっかりした知識を持つことが大事になっている時代だと思います。

天皇制正統神話

以下、１９４１（昭和16）年7月、第3次近衛内閣時に文部省教学局により刊行された『臣民の道』を素材にして天皇制正統神話というものを紹介しておきましょう。

それによれば、日本の国土を造ったのは天上界（高天原）のイザナギノミコトとイザナミノミコトという男女神で、この二神は最後に光り輝くすばらしい神を生みます。これが天皇家の祖先神（皇祖）とされる天照大神（アマテラスオオミカミ）です。

次に天照大神は日本の国土を治めるために、孫のニニギノミコトを、九州の日向・高千穂の嶺に降ろします（「天孫降臨」）。降り立ったニニギノミコトのひ孫のカムヤマトイワレヒコは、九州・日向を出て東方に向い大和の橿原宮で即位します（「神武東征」）。これが初代の神武天皇で日本という国もここから始まるというものです（「紀元節」、「建国記念の日」の由来）。以来、天皇家は１２５代明仁天皇まで連綿と続いているというのです。

この初代の神武天皇のことを「皇宗《こうそう》」（宗＝首位の者）といいます。

三種の神器と三大神勅

また、天照大神がニニギノミコトを地上に降ろす時に大事な物（レガリア＝王位を象徴する品）と言葉（三大神勅）を授けます。レガリアは三種の神器で、鏡（八咫《やた》の鏡《かがみ》）、剣（天叢雲剣《あめのむらくものつるぎ》、または草薙剣《くさなぎのつるぎ》）、勾玉（八尺瓊勾玉《やさかにのまがたま》）の三つの品です。三大神勅とは「天壌《てんじょう》無《む》窮《きゅう》の神勅《しんちょく》」、「宝鏡奉斎《ほうきょうほうさい》の神勅《しんちょく》」、「斎庭稲穂《ゆにはのいなほ》の神勅《しんちょく》」です。

「天壌無窮の神勅」とは「豊葦原《とよあしはら》の千五百秋《ちいほあき》の瑞穂の国は、是れ吾が子孫《うみのこ》の王たるべき地なり。よろしく爾皇孫《いましすめみま》就《ゆき》て治せ。行矣《さきくませ》。寶祚《あまつひつぎ》の隆えまさむこと、當に天壌《あめつち》と窮《きわま》りなかるべし」。つまり美しい実り豊かな神国・日本を治めるのは私、天照大神の子孫である者（天皇）だけであり、天皇とそれが統治する国は永遠に発展するというもので、統治権の天皇家による独占（他の者の排除）を謳ったものです。三つの神勅の中で日本の国家の本質（国体）を表す最も重要な神勅とされ、ただ「神勅」と言われる場合はこの「天壌無窮の神勅」を指しました。

「宝鏡奉斎の神勅」は「此れの鏡は、専《もは》ら我が御魂として、吾が御前を拝《いつ》くがごと、斎《いつ》きまつれ」というもので、この鏡は私、天照大神の魂として、私を拝むように大事に祀りなさいというもの。三種の神器の中で「鏡」というものの特別性を謳ったものです。「鏡」というのは天照大神そのもの、あるいは御分身なんですね。伊勢神宮（内宮）に祀られ、その聖なるレプリカ（写、形代）が「宮中三殿」の中心、「賢所《かしこどころ》」に祀られています。

対外戦争などの国家の大事、「代替わり」や結婚など皇室の大事は、まず何よりも第一番目にこの「賢所」に奉告を行いますが、それはここに天皇家の祖先神・天照大神＝鏡が祀られているからなのです。

それから三つ目の「斎庭稲穂の神勅」は、「吾が高天原に御《きこしめ》す斎庭《ゆにわ》の穂《いなほ》を以て亦吾が児に御《まか》せまつる」というもので、高天原で育てられた一握りの稲束を天照大神が、これで日本人を育みなさいとニニギノミコトに授けるもので、日本人の主食とされてきた米の来歴やその大切さを教えるものであり、また「新嘗祭」・「大嘗祭」の由縁とされるものです。

大日本帝国憲法・教育勅語と神勅主権主義

以上、天皇正統神話の核心部分である「建国神話」、「三種の神器と三大神勅」を紹介してきましたが、実はこれらの神話というものは『古事記』、『日本書紀』（記紀神話）に拠ったものとされています。この記紀神話自体、7世紀後半から8世紀初頭にかけて当時権力を握った藤原氏と天皇家が自らの支配の正統性を証明するために創作、改変がなされたものであることは、すでに明らかにされていることですが、実はこの記紀神話においても、いま紹介した天皇制正統神話は確定されたものではなかったのです。

例えば三大神勅は『日本書紀』の正文（本文）には全く出てこないものであって、この正文に関連する資料ともいうべき「一書（あるふみにいわく）」の中でかろうじて出てくるものです。また『古事記』においては、第二の神勅「宝鏡奉斎の神勅」のみが記載され、最も重要とされた第一の神勅「天壌無窮の神勅」も、また「大嘗祭」の起源とされる第三の神勅（「斎庭稲穂の神勅」）も記載されていないのです。

また、三種の神器についても、確かに『古事記』にはこの三つとも載せられていますが、『日本書紀』ではここでも正文には一切記載はなく、「一書」においてのみ出てくるものです。

古代において国家の歴史書（「六国史」）の最初に位置づけられる『日本書紀』において、その正文には三種の神器も三大神勅も記載されていないのです。

こうした天皇制正統神話というものが、歴史の表舞台に出てくるのは、近世中期の本居宣長による国学の誕生であり、それを受けた幕末の復古神道等の隆盛、あるいは国学とは別系統から生まれた後期水戸学の誕生でした。これらの思想は明治維新の尊王思想の基盤になりましたが、明治の中期から末期ごろに天皇制正統神話として形作られていきました。その意味ではこの天皇制正統神話こそ、先ほど述べた「近代に創られた伝統」そのものであったのです。

さて、こうして創られた三大神勅といわれるものですが、これは明治国家の政治的、精神的支柱の根本理念となりました。歴史学では、これを「神勅主権主義」といっています。例えば大日本帝国憲法の「告文」には「皇《すめら》朕《わ》れ天壌《てんじょう》無《む》窮《きゅう》の宏謨《こうぼ》に循《したが》い惟神《かむながら》の寶祚《ほうそ》を承継し…茲《ここ》に皇室典範及憲法を制定す…」とありますし、その「上諭」にも「国家統治の大権は朕が之を祖宗に受けて…」とあります。

また教育勅語においても「朕惟うに我が皇祖皇宗国を肇ること宏遠に徳を樹つること深厚なり」、また「一旦緩急あれば義勇公に奉じ以て天壌無窮の皇運を扶翼すべし」さらに「斯の道は実に我が皇祖皇宗の遺訓にして…」とあります。

つまり天皇の権限というのは何に拠っているのかというと、国民の支持があるからというようなものではなくて、天皇制正統神話、就中《なかんずく》神勅に、より具体的には「祖宗」＝「皇祖（天照大神）皇宗（初代神武天皇）」に依拠しているということです。日本の国は「皇祖皇宗」が建てた国で、天皇の大権は「皇祖皇宗」から授けられたものである。また道徳も「皇祖皇宗」の遺訓だということです。

このように戦前の、政治は大日本帝国憲法、道徳は教育勅語という二つの根本理念が「神勅主権主義」、つまり天皇制正統神話を基にしていたのです。従って、この三大神勅はことあるごとに国民の中に浸透させられていきました。

今日は大阪での講演ですが、明日は京都でも講演を予定しています。その京都講演が決まった時、上門玲子さんから『宗教と平和・京都版』（２０１８年６月号）を送っていただきました。その中に日本宗教者平和協議会代表委員で京都宗平協の副理事長も務める大江真道さん（日本聖公会司祭）の「戦時中の記置の解析」という文章があり、そこで大江さん自身が通った旧制中学校（岐阜県高山市の斐太《ひだ》中学校、現県立斐太高等学校）時代の『生徒教典』（１９４３・昭和18年６月発行）なるものの目次が紹介されていました（集会当日に大江先生より実物を拝見させていただき、重要な部分のコピーも戴きました）。

図６の写真のように、そこには全部で24にも及ぶ項目があるのですが、４「五箇条の御

図6 『生徒経典』岐阜縣斐太中學校（1943・昭和18年6月発行）

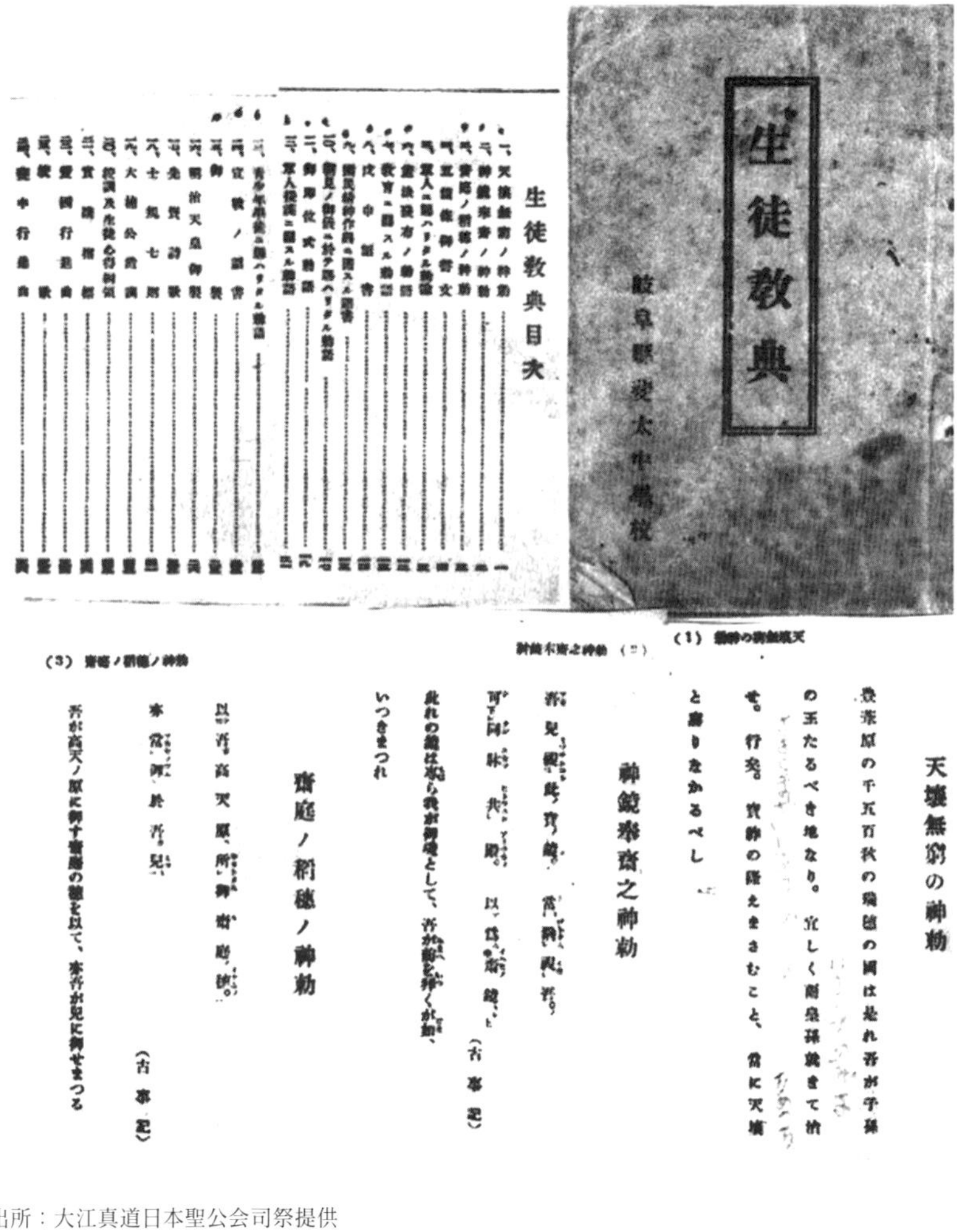

出所：大江真道日本聖公会司祭提供

誓文」、5「軍人に賜りたる勅諭」、6「憲法発布の勅語」、7「教育に関する勅語」（以下略）など私たちも知っている勅語などがズラーッと掲載されています。そしてなんとこの1～3に三大神勅がそれぞれ掲載されていました。大江さんは集会のたびごとにこの三大神勅を朗詠させられたと書いておられますが、この『生徒教典』は天皇制正統神話の浸透の様を知ることができるとともに、何よりも先の配列順序、4、5、6、7…の前に1～3があるということは、近代日本の根幹である政治（「五箇条の御誓文」、「憲法発布の勅語」）、軍事（「軍人に賜りたる勅諭」）、教育（「教育に関する勅語」）の前提にこの三大神勅、天皇制正統神話があることを如実に示しているように思います。

したがってまた、これから見る近代の「代替わり儀式」も、結論を先取りして言えば、この天皇制正統神話の理念のもとに作られ、この天皇制正統神話を目に見える形で（可視化）国民や国際社会の前で演じる、パフォーマンスであるということです。

4. 近代の「代替わり儀式」

近代「代替わり儀式」の3つの特徴

近代の「代替わり儀式」は、明治天皇の「即位礼」（１８６８・慶応４年・明治元年８月）や「大嘗祭」（１８７１・明治４年11月）、さらには英照《えいしょう》皇太后（孝明天皇の女御《にょうご》）の葬儀（１８９７・明治30年２月）などを踏まえて、法制的には皇室典範（１８８９・明治22年）、即位儀礼に関しては登極令（１９０９・明治42年）、葬送儀礼に関しては皇室服喪令（１９０９・明治42年）、皇室喪儀令《こうしつそうぎれい》、皇室陵墓令（以上、１９２６・大正15年、実質は明治末年に出来上がる）等皇室令によって定式化されます。その特徴は三つあります。

一つはそれまでの神仏習合的、また中国（唐風）の即位儀式を廃止し、天皇制正統神話に基づく神道式に改めたことです。二つ目は近代国民国家の理念を受けて国民統合の側面を重視したこと。三つ目はそれらの原則を維持しつつ部分的に西欧近代の王室の影響を受けて皇室儀礼の欧風化、国際化（歴史家の高木博志氏の言う「互換性」）をしたことです。そして、これらは明治の初年からの試行錯誤を経て先の法制によって定式化されるのです。皇室典範や登極令、皇室服喪令・皇室喪儀令・皇室陵墓令などによって定式化された「代替わり儀式」について見る前に、そこに至るいわば過渡期の状況について見ていきたいと思います。

過渡期の状況

まず、明治天皇の即位儀礼について。明治天皇は孝明天皇の死を受けて、1867（慶応3）年1月9日に「践祚」を行い即位しますが、その「即位礼」は翌年1868年（慶応4・明治元）8月27日に、戊辰戦争の最中、会津若松城を包囲している最中に京都御所紫宸殿で行われます。ここではそれまでの中国（唐）風の「袞冕十二章」の服制を廃止し束帯の姿で行われましたし、また紫宸殿《ししんでん》南庭には儀式を荘厳化する威儀の者が並び、また旛や旗などが林立していましたが、それまでの儀式ではその文様には日像、月像やキトラ古墳や高松塚古墳で有名になった青竜、朱雀、白虎、玄武の四神など中国の神話や陰陽道にもとづく図柄が表現されていました。これを廃止し榊《さかき》の枝に鏡・剣・璽や紙垂《しで》等を付けた大幣旗・日幣旗・月幣旗等に替えられました。また火炉がおかれ香木の進献がなされていましたが、これらも中国（唐）風のものだとして廃止されました。代わりに、新儀として水戸の徳川斉昭から献上された大地球儀が置かれます。さらに同年3月の神仏判然令(神仏分離令、以後廃仏毀釈運動起る）を受けて、神仏習合的な「即位灌頂」他のものも廃止されました。そして、直後の9月8日には明治と改元するとともに一世一元の制を定めました。

1871年（明治4）11月の「大嘗祭」は史上初めて「首都」とされた東京（現在の皇居吹上御苑のあたり）で行われました（1869年3月東京奠都《てんと》）。また「大嘗祭」に使う新穀を栽培する悠紀田《ゆきでん》、主基田《すきでん》はこれまで京都を中心とする畿内近国（近江国や丹波国等）という地域的偏りをもっていましたが、これが打破され全国を対象とし、東京を中心として甲斐国（山梨県）と安房国（千葉県）から選ばれました（悠紀国は都を中心に

写真5（上）、写真6（下）　孝明天皇・後月輪東山陵、英照皇太后・後月輪東北陵。制札と正門

筆者撮影

東方、主基国は西方から選ばれることが原則ですが、なぜかこの時は逆になっています)。また同じく「大嘗祭」に供える「庭積机代物《にわづみのつくえしろもの》」(各地方からお供えされる特産物、農林水産物を「大嘗宮《だいじょうきゅう》」の庭に机を置いて供える)の新儀も始められました。これはその後も継続されます。さらに「大嘗祭」後、10日間一般庶民に大嘗宮の参観を認めるという新儀も行われました。これらは近代国民国家形成に伴う、国民の統合に対応したものでした。また「大嘗祭」後の節会に際して外国大使・公使らを饗膳に招待する新儀を行いましたが、これは欧風化、国際化に対応したものでした。

写真7　明治天皇伏見桃山陵

筆者撮影

また、1897年(明治30)2月には英照皇太后(孝明天皇の女御)の葬儀が行われました。先に陵墓のところで見ましたが、幕末の最後の天皇、孝明天皇の墓はそれまでの「堂塔式陵墓」ではなく「墳丘式陵墓」として復活したことを述べました。しかし葬儀そのものは泉涌寺の僧侶たちによって仏式で執り行われました。この英照皇太后の葬儀も場所こそ泉涌寺の境内で行われましたが、白木造り檜皮葺の御斎場が設けられ、また葬儀に僧侶が関わることは一切なく、喪主となった華族たちによって祭詞や誄《しのびごと》（弔辞）が奏せられるなど、神式で執り行われました（陵墓は孝明天皇の隣、後月輪東北陵。**写真5・6**）。

これは後の明治天皇の大喪に引き継がれ、さらに皇室喪儀令や皇室陵墓令に定式化されました。葬儀の場所や陵墓の位置が完全に寺（泉涌寺）から離れるのは明治天皇からです（葬儀は東京・現明治神宮外苑、陵墓は伏見桃山陵。**写真7**）。

さて、このように明治維新以降のいくつかの「代替わり儀式」や大喪の挙行を経て、明治政府は特に英照皇太后の大喪以降、1899年（明治32）8月に伊藤博文を総裁とする帝室制度調査局を設置するなど本格的、体系的な検討を始め、先に述べた登極令等の諸法が皇室令として公布されたのです。

登極令の即位儀式

それでは本題の即位に関わる儀式を登極令から見ていきましょう（登極令は18条に及ぶ本令とそこで規定された一つひとつの儀式の細かな順序・次第を定めた「附式」からなっています。次頁**表1**）。

この登極令による即位儀式の特徴はまず外形的には、これまで「践祚」、「即位礼」、「大

表1　登極令（附式）の即位儀式

No.	第１編　践祚の式	
1	賢所の儀	践祚
2	皇霊殿神殿に奉告の儀	
3	剣璽渡御の儀	
4	践祚後朝見の儀	
	第2編　即位礼及び大嘗祭の儀	
1	賢所に期日奉告の儀	大礼序儀
2	皇霊殿神殿に期日奉告の儀	
3	神宮神武天皇山陵及び前四代の天皇山陵に勅使発遣の儀	
4	神宮に奉幣の儀	
5	神武天皇山陵及び前四代の天皇山陵に奉幣の儀	
6	斎田点定の儀	
7	斎田抜穂の儀	
8	京都へ行幸の儀	
9	賢所春興殿に渡御の儀	
10	即位礼当日皇霊殿神殿に奉告の儀	即位礼
11	即位礼当日賢所大前の儀	
12	即位礼当日紫宸殿の儀	
13	即位礼後一日賢所御神楽の儀	
14	大嘗祭前一日鎮魂の儀	大嘗祭
15	神宮皇霊殿神殿並官国幣社に勅使発遣ノ儀	
16	大嘗祭当日神宮に奉幣の儀	
17	大嘗祭当日皇霊殿神殿に奉幣の儀	
18	大嘗祭当日賢所大御饌供進の儀	
19	大嘗宮の儀	
20	悠紀殿供饌の儀	
21	主基田供饌の儀	
22	即位礼及大嘗祭後大饗第一日の儀	大饗
23	即位礼及大嘗祭後大饗第二日の儀	
24	即位礼及大嘗祭後大饗夜宴の儀	
25	即位礼及大嘗祭後神宮に親謁の儀	大礼後儀
26	即位礼及大嘗祭後神武天皇山陵並前帝四代山陵に親謁の儀	
27	東京に還幸の儀	
28	賢所温明殿に還御の儀	
29	東京還幸後賢所御神楽の儀	
30	還幸後皇霊殿神殿に親謁の儀	

注）筆者作成

嘗祭」と三段階で行われた儀式を「践祚」と「即位礼及び大嘗祭」とに二分化し、後者を「大礼」（大典）として「秋・冬」の間に連続して挙行することにした点であります。また、理念的には当然のことながら、先に述べた近代の「代替わり儀式」の三つの特色を全て備えていました。例えば二つ目の国民統合という点では先に述べた明治天皇の「大嘗祭」で見られた「庭積机代物」は引き継がれ、また「大嘗祭」後、直会的意味合いを持って行われる「大饗」にあたっては、中央での挙行だけではなく「地方賜饌」と言って、地方府県でも地方の名士を集めて行われることになりました（1928年の「昭和大礼」においては約30万人が参加する）。三つ目の国際化、欧風化については即位の礼の「紫宸殿の儀」においてこれまで天皇のみの「高御座《たかみくら》」への登壇であったのを、皇后も「御帳台《みちょうだい》」に併せて登壇するようにしたこと（カップル）や、洋風の宴会（大饗）を設定したことなどです。しかし、なんと言っても一番肝心な点は一つ目で述べた、国家神道の核心的教義ともいうべき天皇制正統神話による儀式の演出であります。以下、儀式の具体的な説明をしながらこの点を見ていきましょう。

「践祚」の儀式、宮中三殿

まず「践祚」の儀式から。「践祚」とは前天皇が亡くなった直後に皇位の空白を避けるために直ちに新天皇が三種の神器を受け継ぎ、即位する儀式で四つの儀式から成っています。「賢所の儀」、「皇霊殿・神殿に奉告の儀」、「剣璽渡御の儀」、「践祚後朝見の儀」です。まず、前二者の儀式の意味を理解するためには皇居吹上にある「宮中三殿」という三つの神殿を理解する必要があります（**写真8・図7**）。

「宮中三殿」とは「賢所」を中心に左右に「皇霊殿」（西側）と「神殿」（東側）とを構えたものです。

写真8　宮中三殿の賢所と神殿

出所：宮内庁ホームページ

図7　宮中三殿の図

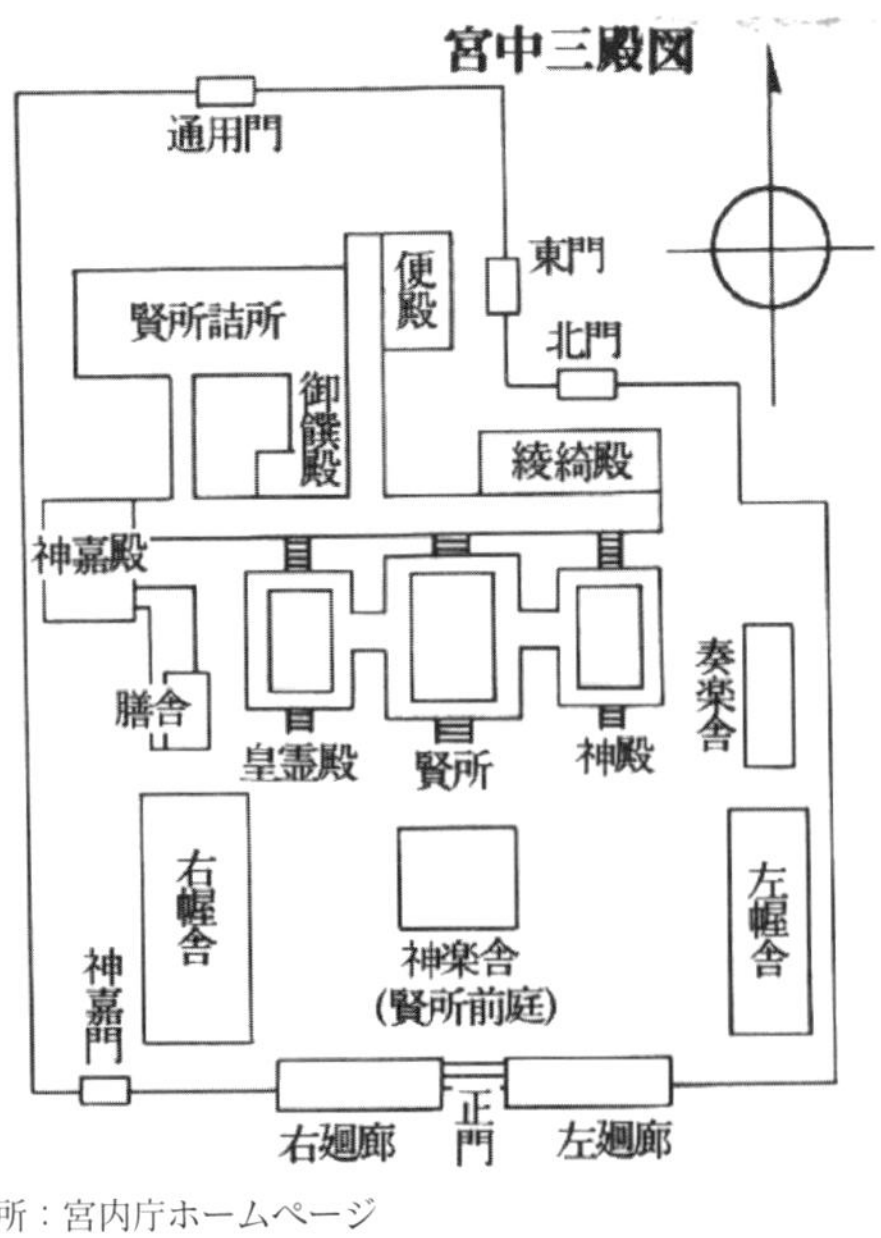

出所：宮内庁ホームページ

先にも見たように「賢所」は皇祖神である天照大神を祀っているところで、「三種の神器」の鏡は伊勢神宮に奉斎されていますが、その聖なるレプリカ（写し）を奉斎しているところです。「皇霊殿」とは歴代の天皇・皇后・皇族の霊を祀っているところです。幕末までは位牌という形で仏式で祀られ、念持仏や仏具などと共に、京都御所清涼殿の「黒戸《くろど》」と

写真9　剣璽等承継の儀　1989年（昭和64年）1月7日

出所：『アサヒグラフ』（1989年1月20日号掲載の宮内庁提供写真）

いうところに安置されておりました。これを神仏分離の際に泉涌寺に移し、替わって歴代の天皇などを神道式で祀る皇霊殿ができたのです。「神殿」とは古代～中世の神祇官神殿（八神殿）に祀られていた天皇の守護神である神皇産霊《かみむすびの》神・高皇産霊《たかみむすび》神など八神を含めて、天神地祇《てんじんちぎ》、八百万《やおよろず》の神《かみ》を祀っているところです。「賢所」は前近代から「温明殿《うんめいでん》」、あるいは「内侍所《ないしどころ》」ともいわれて存在しておりましたが、「皇霊殿」や「神殿」は明治の初年（2～5年）に創られたものです。

　このように、「宮中三殿」の枠組み自体、明治期に創設されたもので（廻廊で結ばれた棟続きの

三殿の落慶は1888・明治21年)「皇祖神」である天照大神を頂点に、皇霊及び天神地祇・八百万神を包摂するという天皇制正統神話の理念を表しています。**表1**(52頁)で見るように「践祚」の始まりも「大礼」の始まりも終わりも、この「宮中三殿」の儀式が位置づけられています。またその中の「即位礼」も「大嘗祭」もこの「宮中三殿」の儀式、中でも「賢所」の儀式で始まっています。そして、これは「代替わり儀式」だけではなく、国事における宣戦や講和、あるいは皇室の結婚などの重儀も同様です。それほど、「賢所」を含む「宮中三殿」での儀式は重要なものとされているのですが、それはとりもなおさず、そこでの儀式が天皇制正統神話の核心中の核心に関わる儀式だからです。

次に「剣璽渡御《けんじとぎょ》の儀」とは、これも天照大神から皇位の象徴として授けられた三種の神器の内の剣と璽(勾玉)を前の天皇から新天皇の下に移す儀式です(前頁**写真9**)。一番大切な鏡は賢所に固定的に奉安(御櫃に奉安されている)され(但し、戦前は京都で儀式が行われていましたので賢所=御櫃は、この時だけ移動し、京都御所の春興殿に移されました。**表1**の9、28)、剣と璽(勾玉)だけが常に天皇の側(「剣璽の間」)に置かれているので、これを移すのです。しかしこの「剣璽渡御の儀」が行われる時に同時に「賢所の儀」も行われていますので、文字通り三種の神器に関わる儀式と言ってよいでしょう。

また、この儀式で重要なことは、皇位の継承を象徴する重儀であるということで、皇位継承権のない女性皇族の出席（陪席）は許されていないのです。

「践祚後朝見の儀」は践祚した新天皇が文武の高官（戦後は三権の長ら）を初めて引見する儀式です。

以上が「践祚」の儀式です。この後、新天皇の下で前天皇の葬儀が1年がかりで行われます。それが終わって（喪が明けて）いよいよ大礼（大典）が始まります。

写真10　高御座（後方は御帳台）

提供：毎日新聞社

「即位礼」の儀式

大礼の儀式の一つ「即位礼」は「即位礼当日皇霊殿、神殿に奉告の儀」、「即位礼当日賢所大前の儀」と「宮中三殿」に関わる儀式がありますが、中心的儀式は「即位礼当日紫宸殿の儀」です。これは「践祚」によって即位した新天皇が一定の期間をおいた後、改めて内外の賓客を招いて大掛かりな、ショー的・御披露目的な即位の儀式を行うものです。大勢の内外の賓客の前で、立纓《りゅうえい》の冠をかぶり、黄櫨染御《こうろぜんのご》袍《ほう》に身を包んだ新天皇が京都の紫宸殿に置かれた「高御座」（前頁**写真10**）に「剣璽」を伴って登壇して、（同時に皇后も御五衣《おんいつつぎぬ》・御唐衣《おんからぎぬ》・御裳《おんも》姿で「御帳台」に登壇。）、「朕祖宗の威霊に頼り敬みて大統を承け茲《ここ》に即位の礼を行い…」と即位の宣言をします。次に、宣言の際には紫宸殿の南階下に降りていた総理大臣は階段を上って南の軒下から即位のお祝いの詞・「壽詞《よごと》」を奏上し、終わればまた階段を下り、庭上に立って万歳三唱、参列者がそれに和するという儀式です。

現在の「高御座」は大正天皇の即位式の時に造られたものですが、約7ｍ×6ｍの三層の黒塗りの継壇を立て、その上に八角形の黒塗り屋形をすえ、大鳳・小鳳などをあしらったものです。江戸時代までの中国（唐）風の壇に代えて、ニニギノミコトが高天原から日向高千穂の嶺に降臨する際に、天照大神から三大神勅や三種の神器を授けられた時に座った神座（高御座）を模したものとされています。

「大嘗祭」の儀式

もう一つの中心的儀式の「大嘗祭」も「宮中三殿」に関する儀式など六つの儀式からなっていますが、中心的儀式は「大嘗宮《だいじょうぐう》の儀」です。この「大嘗宮の儀」は左右対称の同じ結構（古俗を現わすため、黒木造り、柱は皮付きの椽《くぬぎ》、茅葺切妻屋根）の二つの神殿（東方に「悠紀殿《ゆきでん》」、西方に「主基殿《すきでん》」を新しく建て、（60頁写真11。「昭和」度は、京都御所の小御所中庭、「平成」度は皇居東御苑・図8）そこで同様の儀式を、時間をずらして行う儀式、「悠紀殿供饌《きょうせん》の儀《ぎ》」（「夕御饌《ゆうみけ》の儀《ぎ》」）と「主基殿供饌《きょうせん》の儀《ぎ》（「朝御饌《あさみけ》の儀《ぎ》」）の二つの儀式が、午後6時過ぎより暗闇の中、わずかに時々燃え上がる庭燎の焔の灯りの中で行われます。

図8 「平成」度の大嘗宮は皇居の東御苑に建てられた

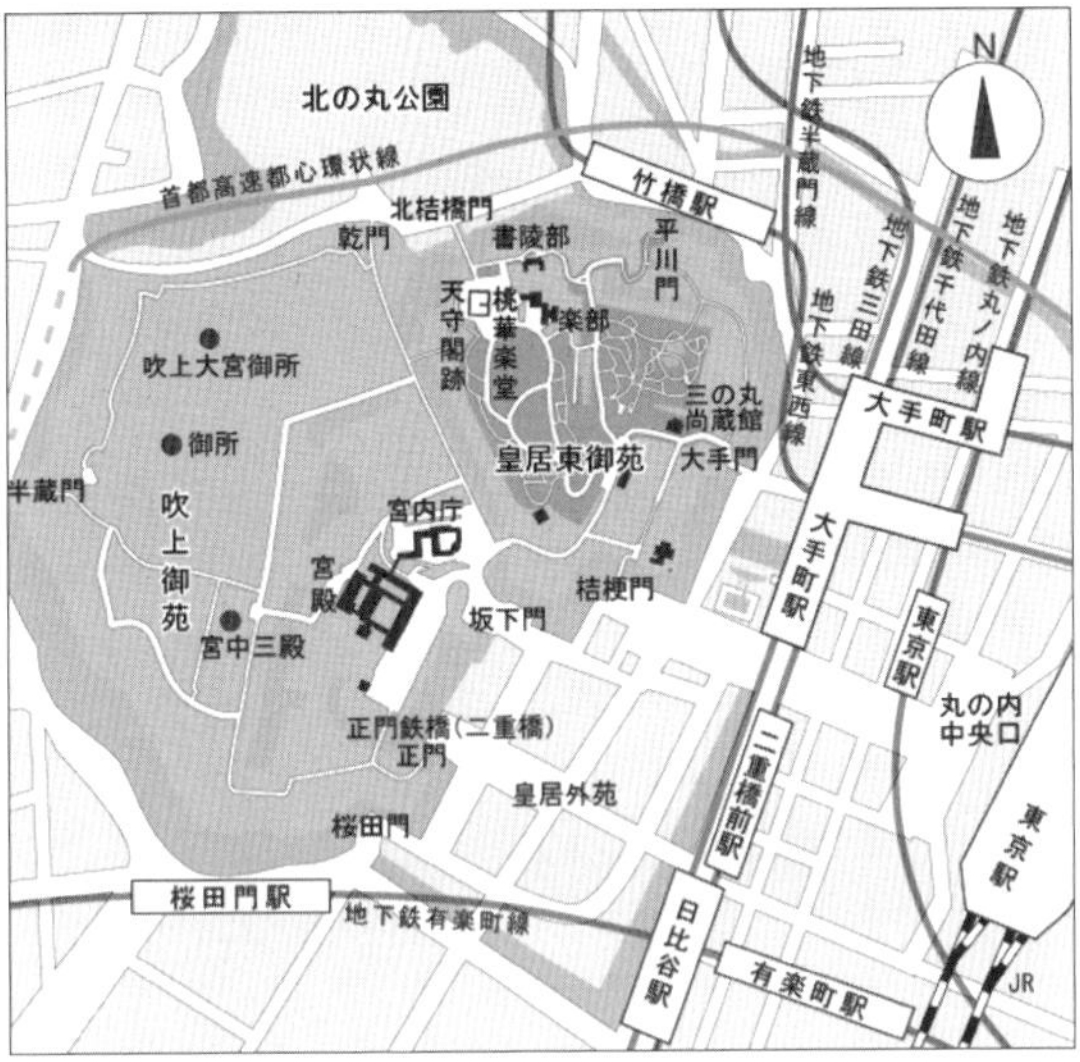

出所：宮内庁ホームページ

天皇は神事の服の中でも最も神聖な生絹の御祭服を纏い、二度三度の潔斎《けっさい》を重ねて、式に臨みます。儀式の内容は亀卜《きぼく》（「斉田点定の儀」）により定められた「悠紀斎田」（京都以東以南、「大正」度は愛知県、「昭和」度は滋賀県、「平成」度は秋田県）、「主基斎田」（京都以西以北、「大正」度は香川県、「昭和」度は福岡県、「平成」度は大分県）で採れた新穀（米や粟）をもとにして醸された酒（神酒）や食べ物（神饌）をそれぞれ「悠紀殿」、「主基殿」において皇祖天照大神（及び天神地祇）に天皇自らお供えし、拝礼、お告文を述べるとともにその後、神に捧げたと同じ神酒と御飯を自ら食する儀式です。

図9（61頁）は大嘗宮＝悠紀殿・主基殿の内部の様子ですが、方8・1m（約65㎡）の「内陣」には天照大神が座すところの「神座」（第二の神座）、天皇が座すところの「御座」があります。燈籠の薄明かりの中、ここで対面して親供の儀式が行われるのですが、内陣には天皇の他「陪膳《はいぜん》の采女《うねめ》」と「後取《しんどり》の采女《うねめ》」の二人だけしかいません。外陣に運び込まれた品一つひとつを「後取の采女」が受け取り、それを「陪膳の采女」に渡し、「陪膳の采女」はそれを天皇に供し、天皇はそれを神前に「御親供」するのです。

写真11　「平成」度の大嘗祭が行われた大嘗宮。右が悠紀殿、左が主基殿、奥が廻立殿

提供：毎日新聞社（空撮）

ちなみに供するものは御飯（ごはん、蒸した米・粟のご飯）、鮮物（なまもの、調理した鯛などの魚）、干物（からもの、蒸鮑などを調理

図9　大嘗宮＝悠紀殿・主基殿の内部の様子

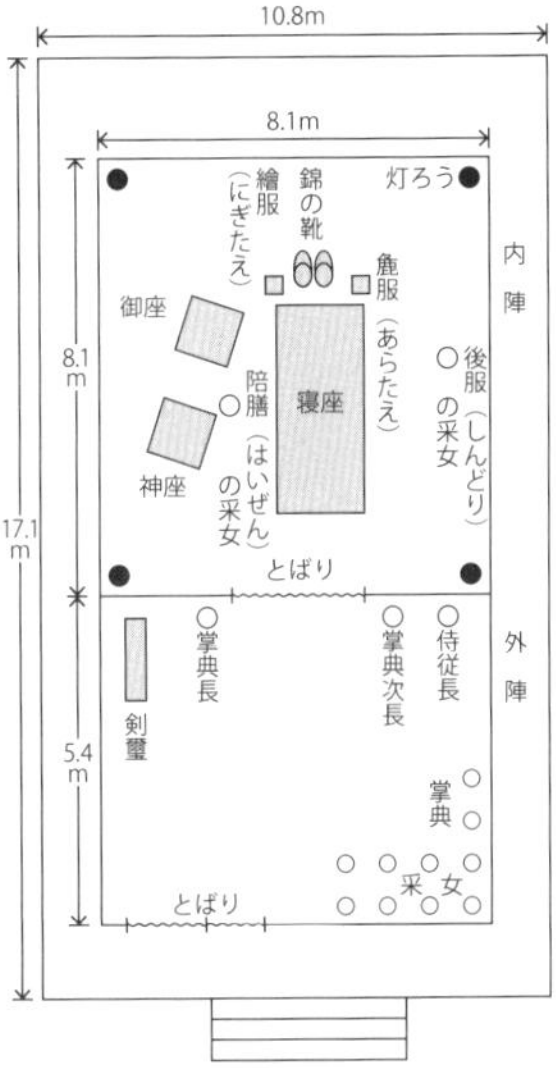

出典:齋藤憲司「資料集成　即位の礼・大嘗祭」、『ジュリスト』974号、181頁、1991年3月、有斐閣をもとに作図

図10　大嘗宮で天照大神に供する品

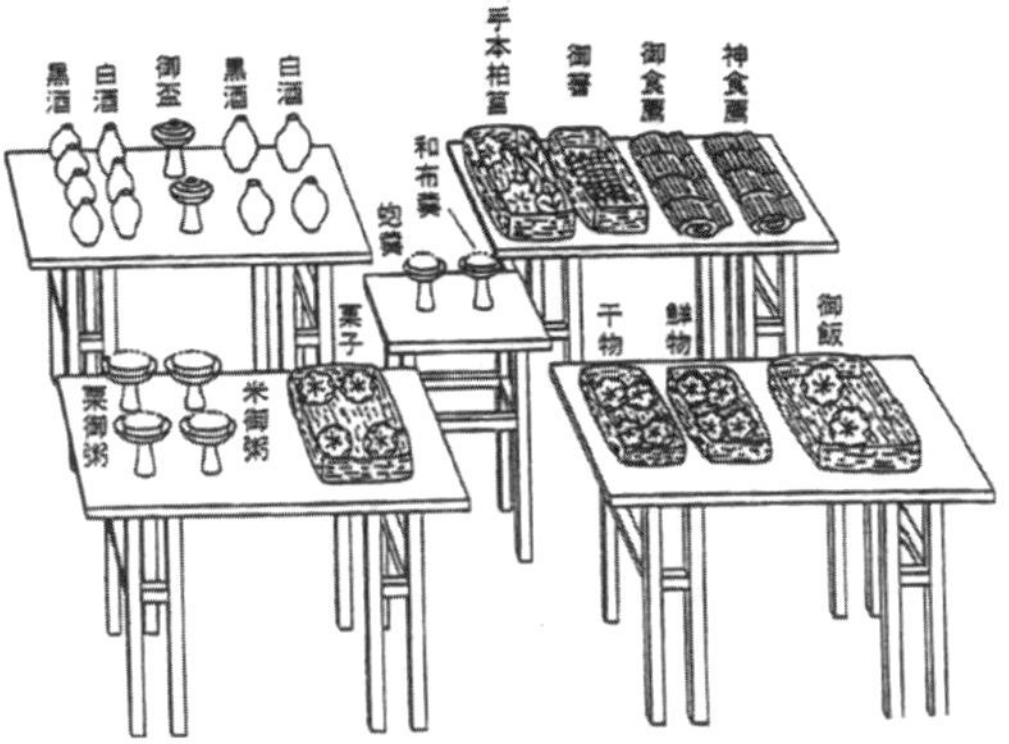

出典：皇室文化研究会編「大嘗祭—大嘗祭の儀」、別冊歴史読本『図説　天皇の即位礼と大嘗祭』105頁、1988年11月、新人物往来社

したもの）、御菓子（おんくだもの、柿など）、鮑汁漬（あわびのしるつけ、鮑の煮物）、海藻汁漬（めのしるつけ、和布の煮物）、御羹（おんあつもの、鮑と海松《みる》の羹）、御酒（みき、白酒・黒酒）、御粥（おんかゆ、米と粟を煮たもの）等です。これらを一つひとつお供えするのです。1928年の昭和天皇の「大嘗祭」では天皇が内陣に着座してこれらの所作を終え内陣から退出するまで約2時間半の時間を要したとのことです。こうしてまず、「悠紀殿供饌の儀」が終わると、しばらく休憩した後、日は移って翌朝午前零時より今度は主基殿で供饌の儀が全く同じように行われるのです。

　大嘗宮のこの儀式は毎年秋に行われる、

その年の実りに感謝し、翌年の実りと国土の安寧を願う「新嘗祭」の、新天皇が最初に行う一世一度の「大新嘗祭」としての性格をもつものであるとされていますが、学問的には「神」と「人」が同じものを食することによって神の神性を人が身に付けるという「神人共食の儀式」であり、この儀式を経ることによって天皇が初めて神聖性をまとうことができるとされていました。

次の文章は戦時中の国民学校の国定教科書（『初等科　修身　巻四』の「一四　大嘗祭の御儀」）からの引用です。「大嘗祭」が天照大神の授けた「斎庭の稲穂の神勅」にもとづくものであることを述べたあと、「これこそ、実に大神と天皇とが一体におなりあそばす御神事であって、わが大日本が神の国であることを明らかにするものである」と天皇が天照大神と一体となる、神となることをはっきりと指摘しています。

またこのほか、学問的には「大嘗祭」は天皇霊の受け継ぎ、あるいは聖婚の儀式だという説があります。天皇霊の受け継ぎというのは、大嘗宮の内陣中央に「寝座」（第一の神座）というものがありますが（八重畳に坂枕の寝座に衾《ふすま》が掛けてある）、この衾こそかつてニニギノミコトが高天原より降臨するときに覆われていた「真床追衾」（マドコオブスマ『日本書紀』）であり、新天皇がこれを覆うことにより、「天皇霊」＝アマテラス・ニニギノミコトの魂、霊力を受け継ぐものであるというものです。これは「人」が「神」と寝ることによって神の持つ霊力を身に付けることができるという「神人共寝の儀式」というものです。この「神人共寝の儀式」には采女や中宮などとの「聖婚説」もありますが、先に述べた「神人共食の儀式」説では、これらの説を否定し、寝座（第一の神座）は単に天照大神が休むところとしています。それでも「神人共食の儀式」により、天皇が聖化される、天皇がアマテラス―ニニギノミコトと受けついだ「魂」を代々受け継いで「霊力」を身につける儀式であることに、変わりはありません。

いずれにしましても、「大嘗祭」はこのような神聖なる儀式であるため、新設された大嘗宮（悠紀殿、主基殿等39棟、「平成の代替わり儀式」時の費用は全体で十数億円）は儀式が終了した後、解体焼却されます（「平成の代替わり」時には「大嘗祭」後11月29日から18日間の一般参観後に取り壊された）。

この即位礼と「大嘗祭」が終った後、「大饗」が「夜宴の儀」を含めて2日間に3回行われ、「大嘗祭」で神饌として造られた、白酒・黒酒を含めた酒肴が「大嘗祭」の内外の参列者にふるまわれます（「第一日の儀」）。神事の後の直会的性格をもつものです。

以上が登極令によって定められた「践祚」及び「大礼」（即位礼及び大嘗祭）の概要です。天照大神の分身である鏡を祀る「賢所の儀」を含む「宮中三殿」での儀式、三種の神器の継承である「剣璽渡御の儀」、ニニギノミコトが「高天原」から地上界に降臨する際に座した「高御座」への登壇、「斎庭稲穂の神勅」に由縁を持つ「大嘗祭」の執行など、まことに天皇制正統神話を目に見える形で演ずる、可視化する儀式であると言えましょう。

5. 昭和天皇から明仁天皇への「代替わり儀式」

これまで「代替わり儀式」が時代によって大きく変化したこと、葬送儀礼においては平安末期から江戸時代まで「墳丘式陵墓」に代わり「堂塔式陵墓」が一般化し、葬儀も寺・僧侶によって行われたこと。また「即位の礼」においても「袞冕《こんべん》十二章」に見られる中国(唐)風の、また「即位灌頂」に見られる神仏習合的儀式が一般的だったが、それらが近代になって天皇を中心とする国民国家を形成するために、国家神道の核心的教義ともいうべき天皇制正統神話に純化された儀式が行われるようになったことを述べてきました。

登極令に規定された「践祚」にしろ「大礼」(「即位礼」、「大嘗祭」)にしろ、そこでの儀式は天皇制正統神話を可視化する儀式でした。さらにこれにダメ押し的に付け加えるならば、先に見た如く、そもそも「大礼」全体がまず「賢所に期日奉告の儀」に始まる「宮中三殿」での儀式に始まり、それで終るというものでした。さらにその中の「即位の礼」にしても「大嘗祭」にしても、ここでも「賢所に期日奉告の儀」に始まる「宮中三殿」の儀式が重要な位置を占めております。この他にも、伊勢神宮や神武天皇山陵に勅使を派遣したり、奉幣したり、さらには親閲したりと徹頭徹尾、天皇制正統神話に貫かれているものなのです。

「国制」、「国のかたち」の転換

さて、1945年の日本の敗戦は大きな社会の変革となりました。近代に創られた主権者・統治権者としての神権的・絶対主義的天皇制、それを支えた天皇制正統神話や国家神道は以下の数々の宣言、法律、施策によって否定されます。

まず1945年12月の「GHQ」が日本政府に発した「神道指令」では「国家指定の宗教の祭式に対する信仰、信仰告白の直接的または間接的な強制から日本国民を解放するために…」、「日本政府、都道府県庁、市町村、あるいは官公吏、属官、雇員等で、公的資格において神道の保証、支援、保全、監督ならびに弘布をすることを禁止する。…」として国家神道（体制）は解体されました。

続いて1946年1月1日の「天皇の人間宣言」（「新日本建設に関する詔書」）では「朕と爾等国民との間の紐帯は、終始相互の信頼と敬愛とに依りて結ばれ、単なる神話と伝説とに依りて生ぜるものに非ず。天皇を以て現御神とし、…世界を支配すべき運命を有すとの架空なる観念に基くものにも非ず」と天皇の神格を否定しました。

そして1946年11月に公布された日本国憲法では、「ここに主権が国民に存することを宣言し、この憲法を確定する」（憲法前文）。「天皇は、日本国の象徴であり日本国民統合の象徴であって、この地位は、主権の存する日本国民の総意に基く」（第1条）と、主権が国民にあることを確認し、その上で象徴天皇の存立基盤を主権者である国民の総意に求め、それを天照大神の神勅（「天壌無窮の神勅」）に求めた戦前とははっきり異なることを示しました。

さらに、憲法第20条においては、「信教の自由は、何人に対してもこれを保障する。いかなる宗教団体も、国から特権を受け、又は政治上の権力を行使してはならない」「何人も、宗教上の行為、祝典、儀式又は行事に参加することを強制されない」「国及びその機関は、宗教教育その他いかなる宗教的活動もしてはならない」、また第89条（「公の財産の支出又は利用の制限）においては「公金その他の公の財産は、宗教上の組織若しくは団体の使用、便益若しくは維持のため…これを支出し、またはその利用に供してはならない」と戦前の国家神道体制による反省から、信教の自由と政教分離がはっきりと謳われているのです。

また、１９４８年6月の「教育勅語等排除に関する決議」（衆議院）では、教育勅語の「根本的理念が主権在君並びに神話的国体観に基づいている」、これは「明らかに基本的人権を損ない、且つ国際信義に対して疑点を残すもととなる」としてその排除の措置が決議されました。

小熊英二氏は『朝日新聞』（２０１５年8月27日、「あすを探る」）で次のようなことを述べています。

「諸外国では〈戦後〉とは、おおむね終戦から10年前後を指す。…しかし日本では〈戦後〉は70年も続いている。それでは、日本にとっての〈戦後〉とは何なのか。私の意見では、日本の〈戦後〉とは、単なる時期区分ではない。それは〈建国〉を指す言葉である」

この指摘は多くの日本人の心の中にある漠然とした思い、実感をうまく言葉に表したものです。つまり、多くの日本人は1945年の敗戦を通じて新しい国に生まれ変わった、新しい国が生まれたと認識してきたのです。司馬遼太郎の言い種で云えば「国のかたち」が変わったのです。

戦前の形をそのまま踏襲した儀式

であるならば、明治維新の変革を契機に「代替わり儀式」の在りようが大きく変わったように、戦後、最初の「代替わり儀式」であった「平成の代替わり儀式」(1989年〜90年)は戦前の天皇制正統神話に基づくものとは大きく異なる形で行われるべきでした。

事実、戦後の皇室典範においては、即位については「皇位の継承があったときは、即位の礼を行う」(第24条)と「即位の礼」を行うことだけしか規定していないのです。戦前の皇室典範には明記されていた「天皇が崩ずるときは皇嗣即ち践祚し祖宗の神器を承く」(第10条)、「即位の礼及大嘗祭は京都に於て之を行う」(第11条)、「践祚の後元号を建て、一世の間に再び改めざること明治元年の定制に従う」(第12条)のように「践祚」や「祖宗の神器を承く」ことや、「大嘗祭」を行うこと、元号(一世一元の制)を建てることなどはどこにも規定されていないのです(ただ元号については、元号法が1979年6月に成立し、「元号は、皇位の継承があった場合に限り改める」と「一世一元の制」が復活しましたが)。

ところが現実に行われた「平成の代替わり儀式」では「践祚」や「大嘗祭」も「即位の礼」の一環だと強引に拡大解釈して強行しました。法的には「即位の礼」しかありませんが、これの一環だというように解釈して旧皇室典範や登極令に定められていた「践祚」の儀式も「大嘗祭」も行われたのです(70頁**表2**)。

まず、昭和天皇が1989年1月7日午前6時33分に逝去すると午前10時より「賢所の儀」、「皇霊殿・神殿に奉告の儀」が行われ、並行して同時刻に「剣璽等承継の儀」が行われました。さらに同日元号を「平成」と改める政令が公布されました(施行は8日)。そして翌8日にも「賢所の儀」が行われ、さらに9日には「賢所の儀」と「即位後朝見の儀」が行われました。全く登極令の「践祚」の儀式通りの儀式が行われたのです。

そして、この後、2月24日の「大喪の礼」を挟んで1年間にわたる「大喪儀」(これも戦前の皇室陵墓令や皇室喪儀令等に準拠)があり、これが終わると1990年1月8日

表2　明仁天皇の即位儀式（「平成の代替わり」）

No.		旧践祚（即位に関連する儀式）		（1989年）月・日	場所
1	○	賢所の儀	践祚	1月7日（～9日）	賢所
2	○	皇霊殿神殿に奉告の儀		1月7日	皇霊殿
3	◎	剣璽等継承の儀		1月7日	宮殿
4	◎	即位後朝見の儀		1月9日	宮殿
		旧即位礼及び大嘗祭（大礼に関する儀式）		（1990年）月・日	
1	○	賢所に期日奉告の儀	大礼序儀	1月23日	賢所
2	○	皇霊殿神殿に期日奉告の儀		1月23日	皇霊殿・神殿
3	○	神宮神武天皇山陵及び前四代の天皇山陵に勅使発遣の儀		1月23日	宮殿
4	○	神宮に奉幣の儀		1月25日	神宮
5	○	神武天皇山陵及び前四代の天皇山陵に奉幣の儀		1月25日	各山陵
6	○	斎田点定の儀		2月8日	神殿
7	○	斎田抜穂の儀（悠紀斎田、主基斎田）		9月28日・10月10日	斎田
8	○	即位礼当日賢所大前の儀	即位礼	11月12日	賢所
9	○	即位礼当日皇霊殿神殿に奉告の儀		11月12日	皇霊殿・神殿
10	◎	即位礼正殿の儀		11月12日	宮殿
11	◎	祝賀御列の儀		11月12日	宮殿～赤坂離宮
12	◎	饗宴の儀		11月12日～15日	宮殿
13	△	園遊会		11月13日	赤坂御苑
14	◇	内閣総理大臣主催晩餐会		11月13日	ホテルニューオータニ
15	○	神宮に勅使発遣の儀		11月16日	宮殿
16	△	即位礼一般参賀		11月18日	宮殿東庭
17	○	大嘗祭前一日鎮魂の儀	大嘗祭	11月21日	皇居
18	○	大嘗祭当日神宮に奉幣の儀		11月22日	神宮
19	○	大嘗祭当日賢所大御饌供進の儀		11月22日	賢所
20	○	大嘗祭当日皇霊殿神殿に奉告の儀		11月22日	皇霊殿・神殿
21	○	大嘗宮の儀（悠紀殿供饌の儀）		11月22日	皇居東御苑
22	○	大嘗宮の儀（主基殿供饌の儀）		11月23日	皇居東御苑
23	○	大饗の儀	大饗	11月24日・25日	宮殿
24	○	即位礼及び大嘗祭後神宮に親謁の儀	大礼後儀	11月27日・28日	神宮
25	○	即位礼及大嘗祭後神武天皇山陵及び前四代の山陵に親謁の儀		12月2日・3日・5日	各山陵
26	△	茶会		12月3日	京都御所
27	○	即位礼及び大嘗祭後賢所に親謁の儀		12月6日	賢所
28	○	即位礼及び大嘗祭後皇霊殿神殿に親謁の儀		12月6日	皇霊殿・神殿
29	○	即位礼及び大嘗祭後賢所御神楽の儀		12月6日	賢所

注）1. ◎は国事行為として行われ、◇は政府主催行事として行われた。
　2. ○は大礼関係の儀式。△は大礼関係の行事であり、（　）書きは儀式に関連する行事である。
筆者注、『平成　即位の礼記録』676～677頁（内閣総理大臣官房、1991年10月）及び首相官邸ホームページ、第1回式典準備委員会（2018年1月9日）配布資料2「平成の代替わりに伴い行われた式典一覧」より作成に喪が明けてから「即位礼（11月12日）」及び「大嘗祭」（11月22日～23日）を含む「大礼」が1年がかりで行われました。

今、それらの儀式を**表1**（52頁）の登極令にもとづく儀式（戦前の大正天皇と昭和天皇の即位儀式はこれにもとづいて行われた）と比較してみれば、「国のかたち」、憲法原則が全く変わったにも関わらず、明仁天皇の即位儀礼が、戦前の登極令に準拠した形で行われたことは明らかでしょう。違っている点は、①戦前の代替わり儀式は京都で行うことになっていたため、これに関わる儀式（**表1**の8、9、27、28）が必要であったこと。②国民統合的機能の新しい形が「平成の代替わり」では付け加わったこと（**表2**の11、13、16）③戦前では外国からの参加も多くなく（「昭和の代替わり」では30数カ国）また、多くは在日の大・公使の出席であったが、「平成の代替わり」では１５８カ国と飛躍的に増え、さらに本国からの元首級の参加も多かったので（66カ国１１４名）、滞在日数が限られ「大嘗祭」終了後の「大饗」を待つことなく、宴会（「饗宴の儀」等）を行わなければならなかった（**表2**の12、14）という点です。これらを除けば登極令に規定された30余の儀式の内、「賢所の儀」「皇霊殿・神殿」の儀、「神宮」や「神武天皇山陵」等に勅使を発遣する等の宮中祭祀・神事はほぼ戦前のままの形で行われたことは一目瞭然だと思います（唯一変ったのは、**表1**の15にあった「官国幣社に勅使発遣の儀」が、**表2**の15ではなくなっていることです。尚、「皇霊殿神殿への勅使発遣の儀」もなくなっているのは儀式の東京開催によるものです）。

「読み替え」の論理で

しかし、さすがに戦前と全く同じようなやり方ではできず、いくつか糊塗することを行いました。

図11　大日本国璽

図12　天皇御璽

出典:高森明勅「剣璽・御璽・国璽」『古式に見る皇位継承「儀式」宝典』（改訂版、155頁、新人物往来社、1990年11月）

一つは儀式名称の修正です。例えば先に述べた「剣璽等承継の儀」、これは登極令では「剣璽渡御の儀」とされていましたが、①今回「等」を入れたのは神器の「剣・璽」だけではなく天皇の国事行為に使われる「国璽」（「大日本国璽」）と「御璽」（「天皇御璽」）（**図11・12**、現在使用されているものは1874・明治7年に製作された金印）を含めたこと、②「渡御」ではなく「承継」としたことです。①は「剣・璽」に「国璽」や「御璽」を追加することによりこの儀式の神話色・宗教色を薄めようとしたものであり、同じく②の「渡御」は「神輿の渡御」と言われるように、一般に神の移動に使われますので、「承継」にして宗教性を薄めようとしたものです。しかし、戦前の登極令に基づく「剣璽渡御の儀」においても「国璽」や「御璽」も継承されており、これが付け加わったことは特別に新しいことではないのです。また「践祚後朝見儀」は、先に見たように「践祚」と言う概念は戦後なくなっているので「即位後朝見の儀」にしました。しかし「臣下が参内して天子に拝謁する」時に使われる「朝見」という言葉はそのまま残りました。

二つ目は儀式の細部を手直ししたことです。例えば「即位礼」の中心的儀式「即位礼正殿の儀」（戦前では京都御所の紫宸殿で行われたので「即位礼当日紫宸殿の儀」）での、総理大臣の位置は戦前（登極令）の場合、即位の勅語が宣言されるときは階段の下で、「寿詞」を読み上げる時は階段を上がり南の庇で、さらに万歳三唱の時は庭上に降りて行われましたが、「平成の代替わり」では全て殿上で行われました。これも国民主権原理に配慮したものとされました。また、「即位礼」が行われる時に、南庭には、儀式を荘厳化するために様々な旛《はた》や旗が立てられ、また「威儀物」と言われる太刀、弓等の武器や武具が捧持者（威儀の者）によって並べられましたが、登極令に規定された神武東征神話を図案化した「八咫烏」や「霊鵄（金鵄）」の旛は廃止されました。

三つ目はこれが全体を貫く問題ですが、「読み替えの論理」ともいうべきトリックが使われました。というのは、政府は戦前の登極令に規定されていた30余の儀式、「賢所の儀」「皇霊殿・神殿」の儀、「神宮」や「神武天皇山陵」等に勅使を発遣する等の儀を含めて、ほぼ戦前のままの形で行ったにもかかわらず、その儀式・行事一つひとつの位置づけを、国事行為として行う部分と、皇室行事として行う部分に分けて、これで政教分離問題をクリアしようとしたのです。

即ち、30余の儀式のうち、宗教的性格の薄い、あるいは薄いと強弁しうるものについては、表現を若干変えたり、あるいは一部新設して「剣璽等承継の儀」（登極令の「剣璽渡御の儀」）、「即位後朝見の儀」（同「践祚後朝見の儀」）、「即位礼正殿の儀」（同「即位礼当日紫宸殿の儀」）、「祝賀御列の儀」（新設）及び「饗宴の儀」（新設）の五つの儀式を国事行為として行い、他のものは宗教的性格が強いとして皇室行事と位置づけて執行したのです。

ただ、「大嘗祭」はまるまる宗教的儀式であるので国事行為とはしませんでしたが、「大嘗祭」の性格を天皇が神聖性を身につけるために行うものとの考えを否定「隠蔽」し、①収穫儀礼に根ざしたもの、②「天皇が皇祖及び天神地祇に対し、安寧と五穀豊穣などを祈念するもの、③皇位が世襲であることに伴う一世に一度の極めて伝統的な皇位継承儀式であるとして、「公的性格」を持つ行事と位置づけました（「政府見解」、即位の礼準備委員会、1989年12月21日）。そして、費用を皇室費の内の「宮廷費」（公費）から支出したのです。

こうして、戦前の天皇制正統神話にもとづいて作られた登極令の30余の儀式を一つひとつ「国事行為」、「公的性格を持つ儀式」、「皇室儀式」と位置付け、読み替えて（「読み替え」の論理）、結局すべての儀式を行ったのです。

しかしながら、そもそもこれら30余の儀式は、賢所、皇霊殿・神殿に「期日奉告の儀」に始まる一連の儀式としてあるもので、それぞれ切り離すことはできないもの、まさに「一体にして分かち考えるべきものにあらず」（『昭和大礼要録』２２３頁）ものなのです。

なお、30年前の「平成の代替わり儀式」の段階では、一般的には国事行為は国の行事として内閣の予算から、その他の宗教的性格の強い皇室行事は皇室の「私的行事」として宮内省予算の皇室費のうちの内廷費から支出されたと思っていました。そして、「大嘗祭」だけが宗教的性格が強いが特別に公的性格を持つ儀式と位置付けられ、宮廷費から支出されたものと思っていました。なぜなら日常的には宗教儀式・神事である元始祭や春・秋の皇霊祭、神嘗祭、新嘗祭など30余の宮中祭祀は政教分離原則を考慮して、皇室の私的行事として内廷費から支出されているからです。

しかし今日では「公的性格を持つ儀式」とされた「大嘗祭」だけではなく、皇室行事とされた「賢所」などの「宮中三殿」の儀式等、普段なら宮中祭祀・神事として内廷費で賄われる全ての儀式も、「私的行事」ではなく「大礼に関する儀式・行事」という新たな概念を被せて公的性格を持つ宮廷費（約3億円）から支出したことが明らかになっています

（神奈川「バンザイ」訴訟に関わり横浜地方裁判所よりの調査依頼に対して、当時の宮内庁長官鎌倉節が出した回答、「宮内秘発甲第74号」、1996・平成8年2月26日）。

そして、これは今回の「代替わり儀式」にも踏襲されますので、もうこうなると形だけですが、ともかくも憲法の政教分離原則を考慮しての「読み替え」の論理も、もう全く意味のないものになり下がってしまったのです。

また、宮中祭祀を「大礼に関する儀式・行事」という概念を被せて公的性格を持たせたことは、日本会議や神道政治連盟等の「民族派」の人々が常日頃主張している、天皇が行う宮中祭祀は、私的な祀りではなく、国民・国家のための祀りであり、公的な祀りであるという「宮中祭祀の公的化」につながるものとして、注視する必要があると思っています。

因みにこの宮内庁予算は大きく分けて皇室費と宮内庁費に分類され、さらに皇室費は内廷費と宮廷費、そして皇族費に分けられます。内廷費とは天皇皇后や皇太子一家の日常の生活費でお手元金となり、宮内庁の経理に属する公金とされません。宮廷費は国賓等の接遇や行幸、外国訪問など皇室の公的活動等に使われる経費で宮内庁が経理する公金となります。また皇族費は秋篠宮家他三宮家の日常の生活費で、これもお手元金となります。２０１６年（平成28年）度予算では、内廷費が約３億２千万円、宮廷費が約55億４千万円、皇族費が約２億２千万円、宮内庁費が約１０９億３千万円となっています。

また、こうした政教分離原則に関わる点だけではなく、「平成の代替わり儀式」は「剣璽等継承の儀」や「即位後朝見の儀」のように国民主権の原理と、また、「剣璽等承継の儀」に女性皇族が陪席（同席）できないように「両性」の平等の原則等、憲法の原理・原則に抵触する側面を強くもっているものでした。

6. 憲法原理にふさわしい即位儀式を

象徴天皇制にふさわしい儀式に

私は、今の憲法の国民主権や政教分離の原則にふさわしい儀式を、私たちが真剣に考えなければならないと考えています。国民主権、政教分離、平和主義、基本的人権の尊重などを体現した儀式・行事、憲法に規定されている国民主権下の象徴天皇制にふさわしい「代替わり儀式」のあり方を考えるべきだと思っています。

でも、戦後それをやってこなかったのをいいことにして、戦後の変革、戦後「国のかたち」が変化したことを好ましく思っていない、あるいはそれを認めない「民族派」の人々が「皇室の伝統」を盾に政府に働きかけ、政府もそれに従って、結局、戦前の「登極令」に準拠した「代替わり儀式」が戦後にも行われ、今回もまた同じように行われようとしているのです。

しかし、憲法にふさわしい儀式を、と言っても、一から考えるのは難しい、あるいは「平成の代替わり」で既成事実が作られていて、そんなに大きな改革をすることは「無理」だという意見もあります。でも私はその「無理」論に対して、次のように考えています。

まず、そもそも今回の「代替わり儀式」は「生前退位」に伴う儀式ですが、この「生前退位」というのは「平成の代替わり」はもちろん、明治以降の近代の歴史の中で、皇室典範、そして登極令などで否定され想定されていなかったものです。まさに1817年の光格天皇から仁孝天皇への譲位以来、202年ぶりの大改革であり、破天荒なことです。しかもそれが国会での議論の中で実現したわけです。

また国会の関与、国民的議論はあまり行われませんでしたが、明仁天皇のイニシアティブにより明仁天皇、美智子皇后の葬儀は大きな改革がなされることが2013年に決まっています（11月14日宮内庁「今後の御陵及び御喪儀のあり方について」）。即ち、陵墓の変遷で述べましたように、近代になり陵墓は「墳丘式陵墓」が復活、皇室陵墓令により大きさも天皇は2500㎡、皇后は1800㎡と定められ、大正天皇はおろか、戦後に象徴天皇として亡くなった昭和天皇までもその大きさの陵墓が造られたのです。また、仏教の隆盛により、火葬が一般化し、寺院・僧侶が葬儀に関与していましたが、江戸幕府の儒教興隆政策もあって後光明天皇の時、1654年に土葬が復活（しかし葬儀は幕末まで引き続き寺院・僧侶が関与）、それが近代に受けつがれ、明治、大正そして昭和天皇と土葬が行われました。

ところが、2013年にこの土葬をやめて、火葬にすることになりました。実に約

400年ぶりに火葬が復活することになったのです。陵墓の広さも、できれば天皇・皇后の合葬墓にして規模を小さくすることも考えられました。結果は合葬墓にはなりませんでしたが、天皇、皇后の陵墓をそれぞれ独立して造るのではなく並列して造ることにより、わずかですが約2割ほどの縮小が図れることになりました。

このように、「平成の代替わり」はもちろん、近代の代替わり儀式の「伝統」を覆す200年ぶりであるとか、400年ぶりとかいう新しい大きな改革が次々に実現しようとしているのです。

残念なのはこれらの改革がいずれも国民の側からというよりも天皇のイニシアティブによって先鞭がつけられたという点ですが、それでも今の時代は最終的に国民の多数の意志さえあれば、「代替わり儀式」の不可能と思える改革が可能な時代であるということをしっかり認識する必要があると思います。

この大きな改革の方向性を一つだけ具体的に述べますと、今の象徴天皇制は主権者たる国民の「総意」に権威の源泉を持っているわけですので、その意味では「国権の最高機関」（憲法第41条）である国会を場にした「代替わり儀式」が考案されてしかるべきだと考えています。

またそこまで根本的に変えなくても、次善の策ならいくらでもあります。それは国民主権や信仰の自由・政教分離原則などを、より少しでも深める立場から、今政府が考えているものの改変です。

例えば「剣璽等承継の儀」です。これについては今の天皇の存立基盤は天照大神の「神勅」などではなく、「主権者たる国民の総意」にあるわけで、いくら三種の神器が「伝統」的に継承されてきたとはいえ、この儀式は相応しくない儀式ですので、これはやらないという選択肢がありますが、そこまでしなくても、国事行為でなく皇室の私的な儀式として行うということも考えられます。さらには今の象徴天皇は国事行為を行うことが一番大きな職務で、その中でもさらに大事なものは、内閣の助言と承認のもとに法律や政令及び条約の原本に親署（署名）及び押印することです。これが今の日本国憲法で認められている天皇の最大・最高の職責です。その意味で先に述べましたように、「剣璽等承継の儀」の「等」に含まれている「国璽・御璽」をむしろ表に出し、「剣璽」を「等」に含めて「国璽《こくじ》御璽《ぎょじ》等承継の儀」にするということも考えられます。

政府の基本方針の皇室の「伝統」と憲法の理念を踏まえるという場合、政府の方は事実上、皇室の「伝統」を上位に置いていますが、そうではなく憲法の理念の方をより上位にあるものとして重視する、たとい皇室の「伝統」であっても憲法原則に反するものは執らないという原則を確認する必要があると思います。

それから「大嘗祭」についてです。「大嘗祭」は明確に宗教的儀式ですが、五穀の豊穣と国民・国家の安寧をお祈りする皇位継承に伴う皇室の伝統的行事であり、公的性格を持つということで皇室費の中の宮廷費を使用しましたが、これを内廷費でまかなうとか（『毎日新聞』は２０１８年８月25日付で、秋篠宮の考えとして宮内庁幹部に伝えていることを報道）、またそもそも悠紀殿、主基殿等の大嘗宮の新設をやめることを考えてはどうでしょうか。わずか２日間の行事だけのために建設費用だけでも十数億円（「平成の代替わり」）もかけ、終われば２週間ほど一般公開して解体・焼却するというものです。

この「大嘗祭」は毎年11月23日に行っている「新嘗祭」とほぼ同じことをするものですが、その「新嘗祭」は「宮中三殿」と同じ区域にある常設の神嘉殿で行われています（54頁の**図7**）。広さは２００㎡で賢所の約３倍の大きさがあります。したがって「大嘗祭」もこの神嘉殿で行うことを考えてはどうかということです。この考えはかつて高松宮も発言したことがあると言われています（２０１８年11月30日の秋篠宮の53歳の誕生日記者会見で、「大嘗祭」は①宗教的性格の強い儀式であること、②したがって費用は内廷費から支出し、③さらに身の丈にあったものにすべきであると発言。また③については、後日に神嘉殿での挙行を念頭においていることが明らかにされました）。

このように根本的な改革は別にしても今からでもすぐやれる改革はいくらでもあるので

す。

とくに最低限、今からすぐにでもやるべきことは「皇室行事」でありながら、「大礼関係の儀式、行事」等として「賢所の儀」等の神事・宮中祭祀の費用も「宮廷費」から支出するのではなく皇室の私的行事として「内廷費」から出すことに改めることでしょう。

現天皇の評価を背景に関心が薄い

さて以上お話したように、「平成の代替わり儀式」が戦後の国家理念と異なる、戦前の登極令に準拠した天皇制正統神話にもとづくものであり、憲法の国民主権や政教分離等の憲法原則に抵触するものであることを指摘しました。

したがって、その「平成の代替わり儀式」の際には、儀式がそのような本質を持つものであったため、昭和天皇死去直後の旧「践祚の儀式」にあたる「剣璽等承継の儀」を含む四つの儀式は、議論されることなく強行されましたが、翌年の「即位の礼」や「大嘗祭」については日本社会党や日本共産党、また、キリスト者を中心に多くの宗教者や民主主義勢力が批判の声をあげました。特に当時は日本社会党が土井たか子ブームに乗って大きく躍進した時（「代替わり」の期間中、1989年7月第15回参院選で日本社会党が躍進、自民党は過半数割れ、翌年2月の第39回衆院選も136議席を獲得し大きく躍進した）で、憲法や民主主義を守れというような声がマスコミにも大きく浸透していました。事実「即位礼正殿の儀」や「大嘗祭」に招待されながら欠席した知事や知名人も少なからず居ました。

そうした中で、「即位の礼」は海部俊樹首相の在任中でしたが、彼は後に「朝日新聞」のインタビューに次のように答えています。

「宮内庁からは皇族と同じ『衣冠束帯』を着るように求められたが、僕は『この時代にそれはないでしょう』と反対し、燕尾服で参加した。天皇、皇后両陛下より一段低い中庭の玉砂利の上で待ち、呼ばれてから殿上に上がってくるようにも言われたが、僕はそれも断り、最初から殿上にいることにこだわった」「宮内庁は田中義一首相時代の昭和天皇の即位の礼にならおうとした。しかし、いまの陛下の即位は、戦後の新憲法の下で初めて国事行為として行われるものだった。各国の国王や大統領らが臨席する中、日本が戦前と違う国民主権の民主主義国家であることを示そう、僕なりに精一杯の努力をした」(朝日新聞、2017年7月26日)。

「平成の代替わり儀式」はこれまで何度も述べたように基本的に戦前の登極令に準拠した儀式であったわけですが、それでも、全体的に平和や民主主義的勢力の躍進の中で行われたもので、海部首相の判断もそうした状況を考慮してなされたものであったろうと思います。

表３　即位の礼及び大嘗祭関係諸儀式等（予定）について（案）

名　　称	期　日	場　所
◎剣璽等承継の儀	即位の年（以下同じ）	宮殿
◎即位後朝見の儀	の５月１日	宮殿
○賢所の儀	５月１日～５月３日	賢所
○皇霊殿神殿に奉告の儀	５月１日	皇霊殿、神殿
○賢所に期日奉告の儀		賢所
○皇霊殿神殿に期日奉告の儀	５月８日	皇霊殿、神殿
○神宮神武天皇山陵及び昭和天皇以前四代の天皇山陵に勅使発遣の儀		宮殿
○神宮に奉幣の儀		神宮
○神武天皇山陵及び昭和天皇以前四代の天皇山陵に奉幣の儀	５月10日	各山陵
○斎田点定の儀	５月13日	神殿
（大嘗宮地鎮祭）	別途決定	皇居東御苑
（斎田抜穂前一日大祓）	斎田抜穂の儀の前日	別途決定
○斎田抜穂の儀	秋	斎田
（悠紀主基両地方新穀供納）	別途決定	皇居
○即位礼当日賢所大前の儀		賢所
○即位礼当日皇霊殿神殿に奉告の儀		皇霊殿、神殿
◎即位礼正殿の儀	10月22日	宮殿
◎祝賀御列の儀		宮殿～（赤坂御用地）
◎饗宴の儀	10月22日、25日、29日及び31日	宮殿
◇内閣総理大臣夫妻主催晩餐会	10月23日	都内
△一般参賀	10月26日	宮殿東庭
○神宮に勅使発遣の儀	11月８日	宮殿
（大嘗祭前二日御禊）		皇居
（大嘗祭前二日大祓）	11月12日	皇居
○大嘗祭前一日鎮魂の儀	11月13日	皇居
（大嘗祭前一日大嘗宮鎮祭）		皇居東御苑
○大嘗祭当日神宮に奉幣の儀		神宮
○大嘗祭当日賢所大御饌供進の儀	11月14日	賢所
○大嘗祭当日皇霊殿神殿に奉告の儀		皇霊殿、神殿
○大嘗宮の儀		皇居東御苑
悠紀殿供饌の儀	11月14日	
主基殿供饌の儀	11月15日	
（大嘗祭後一日大嘗宮鎮祭）	11月16日	皇居東御苑
○大饗の儀	11月16日及び18日	宮殿
○即位礼及び大嘗祭後神宮に親謁の儀	別途決定	神宮
○即位礼及び大嘗祭後神武天皇山陵及び昭和天皇以前四代の天皇山陵に親謁の儀	神宮に親謁の儀の後	各山陵
△茶会	京都に行幸の際	京都御所
○即位礼及び大嘗祭後賢所に親謁の儀	神宮及び各山陵に親謁の後	賢所
○即位礼及び大嘗祭後皇霊殿神殿に親謁の儀	同　日	皇霊殿、神殿
○即位礼及び大嘗祭後賢所御神楽の儀	同　日	賢所
（大嘗祭後大嘗宮地鎮祭）	大嘗宮の撤去後	皇居東御苑

（注）１　◎は国事行為として行われ、◇は政府主催行事として行われる。
　　　２　○は大礼関係の儀式、△は大礼関係の行事であり、（　）書きは儀式に関連する行事である。
　　　３　名称及び期日については、変更があり得る。
筆者注　「宮内庁ホームページ」第２回大礼委員会（2018年11月20日）配布資料４より作成

このように「平成の代替わり儀式」の時には、国民の関心もあり批判の声もありましたが、しかし今回は残念ながらそのようにはなっておりません。わずかに日本共産党が憲法原則に沿った儀式を行うべきだと政府に申し入れをしたり（2018年3月31日）、「政教分離の会」や日本カトリック司教協議会、日本基督教団総会議長ほか2、3の宗教団体が反対の声明を出しているだけです（現在では、その状況はだいぶ改善されていますが）。

こうした中で、**表3**（85頁）にあるように戦前の「代替わり儀式」、登極令に準じて行われた「平成の代替わり儀式」をほぼそのまま踏襲した「代替わり儀式」が行なわれようとしているのです。

国民意識の変化

この背景には、国民の天皇に対する感じ方の大きな変化があるように思います。NHKが5年毎に行っている「日本人の意識調査」での直近の値（2013年）でも1位は「好感」で35%、2位は「尊敬」が急増して34%、3位は「何とも感じず」が急減して28%、そして4位は「反感」で横ばいの1%です。因みに「平成の代替わり」の直近の1988年の値では1位は「何とも感じず」で47%、2位は「尊敬」28%、3位は「好感」で22%、4位は「反感」2%でした。昭和天皇と現天皇に対する国民の感じ方が大きく変化していることが読み取れると思います（それでも「何とも感じず」が3割近くあることは注視されなければなりません）。

またこれとも関連し、軍国主義や戦争責任等の問題が絡んでいた昭和天皇と違って、現天皇は民主主義や平和をしっかり守っている天皇だという認識があります。特に安倍政権の下で進められている、過去のアジアに対する侵略戦争を曖昧にする歴史観、秘密保護法や共謀罪、そして安保法制などアメリカの世界戦略下でのいわゆる「戦争できる」国づくり、こうした方向性に「楯となる」、「護憲の天皇」であるという認識もあります。そのような「良い」天皇が関わる儀式が悪いものになるはずがない、あるいはそういう天皇が関わる儀式に目くじらをたてなくとも良いではないかという思いもあるようです。

また次のような深刻な問題もあるように感じます。それは、グローバル経済や新自由主義的政策の展開のもと、東アジアでの日本の地位が経済的にも政治的にも低下し、また国内においても低成長、格差の拡大の中で閉塞感が充満し、その中で今まで「下」に見てきた中国や韓国からどうして「イチャモン」を付けられなくてはならないのか、あるいは「北朝鮮」から侮りを受けねばならないのかという憤りの感情、あるいはそこまでいかなくてもあまり良い感じはしないという気持ちも深く広く芽生えていることです。

そうした中で、もう一度東アジアの中で政治的にも経済的にもリーダー・大国としての地位をとりもどしたいという願望が、強弱の差はあれ広範な国民意識の底流に流れているように感じます。それだけに、よけいに自国だけを愛し誇る気分、その中で世界にないもの（と思われているもの）、日本だけにあるもの（と思われているもの）を無条件に賛美する風潮もあふれています。「クールジャパン」「何々女子」「日本よいとこ」「日本礼賛本」「日本誉め番組」などがマスコミをにぎわせ、天皇の存在や元号制、「伝統文化」や神話、神社等への親和性が強まっているように思います。

表4　「退位の礼」関係諸儀式（予定）　について（案）

		名　　称	期日（2019年）	場所
1	○	賢所に退位及びその期日奉告の儀	3月12日	賢所
2	○	皇霊殿神殿に退位及びその期日奉告の儀	同日	皇霊殿、神殿
3	○	神武天皇山陵及び昭和天皇以前四代の天皇山陵に勅使発遣の儀	同日	御所
4	○	神宮に奉幣の儀	3月15日	神宮
5	○	神武天皇山陵及び昭和天皇以前四代の天皇山陵に奉幣の儀	同日	各山陵
6	○	神武天皇山陵に親謁の儀	3月26日	神武天皇山陵
7	○	神宮に親謁の儀	4月18日	神宮
8	○	昭和天皇山陵に親謁の儀	4月下旬	昭和天皇山陵
9	○	退位礼当日賢所大前の儀	4月30日	賢所
10	○	退位礼当日皇霊殿神殿に奉告の儀	同日	皇霊殿、神殿
11	◎	退位礼正殿の儀	同日	宮殿

(注) 1　◎は国事行為として行われる。
2　○は大礼関係の儀式である。
3　名称及び期日については、変更があり得る
筆者注　宮内庁ホームページ　第2回大礼委員会（2018年11月20日）配布資料3より作成

儀式行事を取り仕切るのは安倍政権

安倍政権を支える日本会議や神道政治連盟に繋がる「民族派」の人々は、「御代替に関する諸儀式については、皇室の伝統を踏まえ、かつ皇室制度上で最も整備された旧登極令の規定に準拠することを第一に執行

されるべきである」(「神社本庁の基本的姿勢」、『神社新報』2017年7月31日)とあるように今回の「代替わり儀式」にあたって最低限「平成の代替わり儀式」のやり方、即ち登極令に準じた儀式、行事を行うこと。また「前回の実績を既成事実として、幾つプラスできるか、民間とくに神社界は責務として取り組まなければならない」(大原康夫氏『神社新報』2018年9月10日)と、できれば「平成の代替わり」以上に登極令あるいはその精神に戻すこと、「天皇制正統神話」の理念に1歩でも2歩でもより近づくものにすることを目標として精力的に動いています。

そもそも、今回の「代替わり儀式」が「踏襲」しようとしている「平成の代替わり儀式」が登極令に準拠したものになったのは、神社界等が行った「関係省庁への周知と説得活動が奏功して…なんとか戦前の旧皇室典範及び皇室令に準拠した形」で行うことが出来た(「論説」、『神社新報』2018年1月15日)とあるように、このような人々の運動の結果、成果なのですが、これらの人々が今回強く働きかけたものの一つに「退位式」を国事行為で行うということがありました。近代の「代替わり」は唯一、前天皇の死去を前提として新天皇の即位が可能でしたので登極令にも規定がありません。もちろん、戦後においても法的根拠はありません。したがって、当初はこれを行わないことも含めて議論がありましたが、結局、先に見たように政府の「基本方針」で剣璽を持ちこんだ「退位式」を国事行為でやるということが決められました。

さらに問題なのは、**表4**（88頁）の「退位の礼」関係諸儀式にあるように、国事行為として行う「退位礼正殿の儀」の他に10にも上る神事・宮中祭祀を並べたことです。これらの儀式の多くは最後の譲位を行った1817年の光格天皇の時に行われた儀式にもない新儀で、これまで見たように、近代になって天皇制正統神話をもとにした登極令に規定された「宮中三殿」に関する儀式等、即位の儀式をそのまま持ってきたものです。そもそも、この「退位の礼」は法的根拠を持たないもので、同じく法的根拠を持たない「践祚」や「大嘗祭」を、唯一法的根拠を持つ「即位の礼」の一環として拡大解釈して行ったように、この「退位の礼」も「大礼に関する儀式」として位置付けたものです。

「大礼」とは近代の即位儀式の中の「即位礼」と「大嘗祭」を秋・冬の間に連続して行うことになって、それらを総称する概念として創られたものですが、それを即位儀式とは全く異なる「退位の礼」にまであてはめるという二重、三重の拡大解釈をしたものです。「国のかたち」・「国制」が全く異なる今日において、こうした二重、三重の拡大解釈は決して許されるものではないと思います。こうしたことになったのも、安倍政権の支持母体となっている、「民族派」の強い働きかけがあったことによります。

さらにもう一つ、マスコミ報道によると、これらの人々が、現在最も強く働きかけているのが、新元号の決定時期です。当初は安倍政権自身も「特例法」の付帯決議にもありましたように、国民生活の影響等を考えて半年以上も前に早目に新元号を決定する予定でした。ところが戦前の「登極令」に規定しているように、元号と新天皇の即位はセット（一世一元の制の理念）で考えるべきだという「民族派」の人々の強い働きかけによって、現在は限りなく新天皇の即位の時期に近くなっているとのことです（結局、新天皇即位の1カ月前の4月1日に新元号「令和」の発表になる）。

おわりに

安倍政権は現在、当面4項目に絞って改憲することをめざしていますが、そもそも自民党の2012年の改憲草案の中には「天皇は日本国の元首であり…」（第1条）や「元号は、法律の定めるところにより、皇位の継承があったときに制定する」（第4条・新設）など国民主権を曖昧にする条項や、第6条第5項では「…天皇は国又は公共団体が主催する式典への出席その他の公的行為を行う」と、現憲法では規定されず違憲論もある「公的行為」を憲法上に規定するなど、天皇の権威を高め、また活動の範囲を拡大しようとしています。さらには第20条信教の自由規定の第3項では「国及び地方自治体その他の公共団体は、特定の宗教のための教育その他の宗教的活動をしてはならない」と、現行の規定に「特定の」

という文言を挿入するとともに、「但し、社会的儀礼または習俗的行為の範囲を超えないものについては、この限りでない」と但し書きを入れようとしています。これは神道儀式を「特定の宗教」ではない「社会的儀礼」、「習俗的行為」の範疇に入れて政教分離規定の対象から外し、靖国神社への天皇や首相の公式参拝を正当化すると共に宮中祭祀・神道儀式も私的なものではなく公的なものとして、厳格な政教分離規定を曖昧なものにしようとするものです。

こうした点は今まで述べてきたように、天皇の「代替わり儀式」にも直接関わる問題でいわば、「代替わり儀式」の挙行によってこうした改憲の「下ならし」をするようなものだと言えましょう。もう一つ個別的な問題点を付け加えるならば、いま焦点となっている、安倍改憲提案の中の一つ、第9条1項、2項をそのままにして、9条2を設けて自衛隊を憲法に位置づけることは、日本が「戦争をする国」となる大きな契機となることは言うまでもありませんが、そのこととも関連して私は天皇と自衛隊との結びつきが強くなり、例えば自衛隊の観閲式等に天皇・皇后が臨席する、さらにはゆくゆくは「お言葉」を述べる等の事態が始まるのではと危惧しています。

しかしながらより深刻なことは、そうした個々の点を離れて、改憲草案に流れている戦前回帰的性格、「日本国憲法は恥ずべきものである」、「戦後レジームからの脱却」という理念と、いま政府が行おうとしている、戦前の「天皇制正統神話」に基づく登極令的「代替わり儀式」の挙行はお互いに共鳴し合うものだということです。

「代替わり儀式」とは時代によって大きく変化すること、その意味ではその時代の国家社会の在りようを内外に示すものだとするならば、表3(85頁)に予定されているような「代替わり儀式」が行われることは、安倍改憲が抱いている戦前と戦後の変革の意味を曖昧にする、いわば「明治150年」史観を大勢の国内外の賓客、そして国民の前で目に見える形で演じてみせ、記憶の中に刻み込ませることになるのです。

それは1945年の敗戦以降、私たちが日本の国家・社会に対して、戦前とは異なる理想、夢、物語をもって歩んできたその歩みの死を宣告されるようなものです。

今こそ、平和や民主主義を大切にし、憲法9条の改悪に反対する多くの個人、団体が、憲法の理念に真っ向から対立する今回の「代替わり儀式」についてしっかりと学習し、各個人、団体が批判の声明を出し、国民主権や政教分離といった憲法原則にふさわしい「代替わり儀式」にするよう政府に要請することが求められているのではないでしょうか。

あとがき

本書は大阪宗教者平和協議会主催の講演会「天皇の代替わり儀式と改憲問題」（２０１８年6月29日、於：佛光寺大阪別院）での講演を活字化したものです。

講演会終了後、聴きに来られた日本機関紙出版センターの丸尾忠義さんより、講演内容を本にして出版したいというお申し出をいただきました。２０１７年あたりから私にこの「代替わり」関係の原稿依頼が相次いで飛び込んできましたが、他のテーマの原稿を抱えているので、短文やインタビュー、あるいは講演を除いて全てお断りしてきました。

ただ、講演を重ねる中で、筆者の話術にもよりますが、憲法9条問題にかなり強い関心と知識を持っている方でも、この「代替わり」のテーマはなかなか分かりにくいテーマであること、したがって一般の人々にもわかりやすいテキストの必要性を痛感していました。

そこで、現在私は他の原稿で手一杯であること、また今まで原稿の依頼を断ってきた方への義理もあるので、「あなたの方で講演内容を完全原稿に近いかたちで出していただけるなら」という条件付でお引き受けしました。これが本書の成り立ちです。

また、そうした意図から、私は歴史を学んでいる者で憲法学者ではありませんが、本書の表題を『天皇の「代替わり儀式」と憲法』とさせていただきました。

一般の方々にも理解できるという目的がどれほど達成されたかわかりませんが、お手を煩わせました丸尾さんには心より御礼申し上げると共に、私の都合で予定よりも随分遅れて、既に「代替わり儀式」が始まってからの発刊になったことを深くお詫び申しあげます。また、資料などの点で前田孝和氏や到津勝氏、金山浩氏に、また校正では大平晶子氏にお世話になりました。さらに、本書の基になった私の講演は、私が神奈川大学に勤務中、大学院歴史民俗資料学研究科で行った講義が基になっています。この講義の中で受講の院生からも貴重なご意見をいただきました。これらの方々に記して謝意を表します。

なお、以上のような本書の性格上、注記は最低限にしました。また、２０１８年6月の講演時以降の動きも最低限付け加えましたが、天皇・皇族の身位等は今回の「代替わり」(２０１９年4月30日、5月1日）以前のままになっております。

２０１９年4月1日の新元号「令和」の決定、4月30日の明仁天皇の退位（上皇就任)、5月1日の徳仁皇太子の新天皇就任前後、マスコミを中心とする皇室フィーバーは凄まじく、節度を欠いたうんざりするものでありました。また、もともと安倍政権はこの天皇の生前退位による「代替わり」に否定的でありましたが、国民の世論に押される形でそれを認めざるを得なくなって以降は、逆にこの天皇の「代替わり」に関連する儀式・行事を政権の絶好の浮揚策として最大限に利用しています。まさに天皇の政治利用、天皇の一政権による私物化と言えましょう。
このフィーバー及び安倍政権の天皇の政治利用は、10月22日の「即位礼」、11月14日、15日の「大嘗祭」を中心とするこの秋の2カ月間、それを上回る形で演じられ、行われることが予想されます。本書がこうしたことに批判的視点を持ち、冷静に対処する上での道標となれば幸いです。

2019年5月3日（「憲法記念日」・憲法施行72周年）

［参考文献］

筆者と異なる立場のものも含めて、手軽に読める参考文献を以下に記します。

○『「即位の礼」と大嘗祭―歴史家はこう考える』（歴史学研究会・日本史研究会他、青木書店、１９９０年3月）
○『ガイドブック　即位の礼・大嘗祭』（日本政策研究センター、ぎょうせい、１９９０年10月）
○齋藤憲司「資料集成　即位の礼・大嘗祭」（『ジュリスト』９７４号、有斐閣、１９９１年3月）
○原武史・吉田裕編『岩波　天皇・皇室辞典』（岩波書店、２００５年3月）
○所功『象徴天皇「高齢譲位の真相」』（ＫＫベストセラーズ、２０１７年1月）
○安倍靖国参拝違憲訴訟の会・東京事務局『即位・大嘗祭Ｑ＆Ａ　天皇代替わりってなに？』（２０１７年4月）
○藤本頼生『よくわかる皇室制度』（神社新報社、２０１７年11月）
○新田均『皇位の継承―今上陛下のご譲位と御代替わりの意義』（明成社、２０１８年6月）
○岩井克己『〈宮中取材余話〉皇室の風』（講談社、２０１８年7月）

【著者紹介】
中島三千男（なかじまみちお）
1944年福岡県生まれ、福岡県立小倉高等学校卒。京都大学、同大学院、オーバードクターを経て1976年奈良大学講師。1980年神奈川大学に移り、2015年同大学定年退職。神奈川大学名誉教授、同日本常民文化研究所客員研究員、同非文学資料研究センター客員研究員、神奈川大学元学長。
専門は日本近現代思想史で、特に国家神道、天皇の代替わり、海外神社等の研究に取り組む。主な著書に『天皇の代替わりと国民』（青木書店、1990年）、『海外神社跡地の景観変容』（御茶の水書房、2013年）、『若者は無限の可能性を持つ』（御茶の水書房、2014年）等。共著に『Xデー問題と現代天皇制』（青木書店、1988年）、『「即位の礼」と大嘗祭』（青木書店、1990年）、『概論　日本歴史』（吉川弘文館、2000年）など。

表紙図版出所：『冕服図帖』（上）、岩下羆撰、1907年、山田直次郎、芸艸堂国立国会図書館蔵
裏表紙図版出所：『御歴代山陵真影』1904年、奉天社、国立国会図書館蔵

天皇の「代替わり儀式」と憲法

2019年7月10日　初版第1刷発行

著者　中島三千男
発行者　坂手崇保
発行所　日本機関紙出版センター
〒553-0006　大阪市福島区吉野3-2-35
TEL 06-6465-1254　FAX 06-6465-1255
http://kikanshi-book.com/　hon@nike.eonet.ne.jp
本文組版　Third
編集　丸尾忠義
印刷・製本　日本機関紙出版センター

ISBN 978-4-88900-969-9